Bessere Gewohnheiten aufbauen: Ein Leitfaden zum Erfolg

Die Bedeutung von Gewohnheiten für den Erfolg

B. Charles Henry

Inhaltsverzeichnis

I. Einleitung

Bessere Gewohnheiten zu bauen, ist der Schlüssel zum Erfolg! Es geht darum, kleine, konsequente Änderungen vorzunehmen, die sich im Laufe der Zeit summieren. Ermitteln Sie zunächst die Gewohnheiten, die Sie verbessern und klare, erreichbare Ziele festlegen möchten, und machen Sie einen Plan, diese Gewohnheiten in Ihren täglichen Routine einzubeziehen. Es ist wichtig, engagiert zu bleiben und motiviert zu bleiben. Finden Sie also Wege, sich zur Rechenschaft zu ziehen und Ihren Fortschritt zu feiern. Umgeben Sie sich mit positiven Einflüssen und suchen Sie Unterstützung von Freunden und Familie. Denken Sie daran, dass die Entwicklung besserer Gewohnheiten Zeit und Geduld erfordert. Seien Sie also freundlich zu sich selbst. Mit Entschlossenheit und Ausdauer können Sie Ihre Ziele erreichen und einen glücklicheren, gesünderen Lebensstil schaffen!

A. Definition von Gewohnheiten

Gewohnheiten sind routinemäßige Verhaltensweisen oder Aktionen, die regelmäßig wiederholt und häufig automatisch durchgeführt werden. Sie werden durch häufige Wiederholung erworben und können im täglichen Leben eines Individuums verankert werden. Gewohnheiten können sowohl positiv als auch negativ sein und verschiedene Aspekte des Lebens einer Person beeinflussen, wie Gesundheit, Produktivität und Wohlbefinden.

Positive Gewohnheiten, auch als gute Gewohnheiten bekannt, tragen zu persönlichem Wachstum und Erfolg bei, während negative Gewohnheiten oder schlechte Gewohnheiten den Fortschritt behindern und zu unerwünschten Ergebnissen führen. Gewohnheiten werden durch einen Prozess aus Hinweis, Routine und Belohnung gebildet, bei dem ein Hinweis ein Verhalten auslöst, das Verhalten zu einer Routine wird und die Routine durch eine Belohnung verstärkt wird und eine Schleife erzeugt, die die Gewohnheit im Laufe der Zeit stärkt.

Das Verständnis und die Verwaltung von Gewohnheiten kann für die persönliche Entwicklung von wesentlicher Bedeutung sein, da Einzelpersonen bewusst positive Gewohnheiten pflegen oder daran arbeiten können, sich von schädlichen Befragten zu befreien.

B. Bedeutung von Gewohnheiten bei der Erreichung des Erfolgs

Gewohnheiten spielen aus mehreren Gründen eine entscheidende Rolle bei der Erzielung des Erfolgs:

Konsistenz und Routine: Der Erfolg erfordert im Laufe der Zeit häufig konsequente Anstrengungen. Positive Gewohnheiten schaffen eine Routine, die den Einzelnen hilft, auf dem richtigen Weg zu bleiben und sich auf langfristige Ziele zu konzentrieren.

Produktivität und Effizienz: Gute Gewohnheiten können die Produktivität und Effizienz verbessern, indem Prozesse optimiert werden. Wenn bestimmte Handlungen gewohnheitsmäßig werden, erfordern sie weniger geistige Energie und ermöglichen es den Einzelnen, ihre kognitiven Ressourcen effektiver zuzuweisen.

Disziplin und Selbstkontrolle: Die Entwicklung positiver Gewohnheiten erfordert Disziplin und Selbstkontrolle, die wichtige Merkmale für den Erfolg sind. Gewohnheiten helfen Einzelpersonen, sich der Versuchung zu widersetzen, bessere Entscheidungen zu treffen und angesichts der Herausforderungen auszuhalten.

Zielausrichtung: Gewohnheiten, die mit den eigenen Zielen übereinstimmen, tragen zum Erfolg bei. Durch die Pflege von Gewohnheiten, die bestimmte Ziele unterstützen, schaffen Einzelpersonen einen Weg, um ihre Bestrebungen zu erreichen.

Persönliche Entwicklung: Positive Gewohnheiten tragen zur persönlichen Entwicklung und zum Wachstum bei. Egal, ob es sich um neue Fähigkeiten, die Übernahme eines gesunden Lebensstils oder die Verbesserung zwischenmenschlicher Beziehungen erlernen, die Gewohnheiten prägen, wer wir im Laufe der Zeit werden.

Zeitmanagement: Effiziente Gewohnheiten können Einzelpersonen helfen, ihre Zeit effektiv zu verwalten. Durch die Priorisierung von Aufgaben und das Erstellen von Routinen können Einzelpersonen ihre Zeit optimal nutzen, was zu einer erhöhten Produktivität und Leistung führt.

Denkweise und Haltung: Gewohnheiten beeinflussen die eigene Denkweise und Haltung. Die Kultivierung positiver Gewohnheiten kann zu einer optimistischeren und wachstumsorientierten Denkweise beitragen, die Widerstandsfähigkeit und die Fähigkeit zur Überwindung von Hindernissen fördert.

Dynamik aufbauen: Erfolg baut oft auf kleinen Siegen auf. Positive Gewohnheiten erzeugen eine Dynamik, die den Einzelnen vorantreibt, was es einfacher macht, größere Herausforderungen zu bewältigen, wenn sie auftreten.

Gesundheit und Wohlbefinden: Gewohnheiten im Zusammenhang mit körperlichem und geistigem Wohlbefinden sind entscheidend für den anhaltenden Erfolg. Durch regelmäßige Bewegung, die richtige Ernährung und ausreichende Ruheposition zu kümmern, trägt die Gesundheit von der eigenen Gesundheit bei, trägt zum allgemeinen Wohlbefinden bei und verbessert die kognitive

Funktionen.

Selbstreflexion und Verbesserung: Die Feststellung einer Angewohnheit der Selbstreflexion ermöglicht es Einzelpersonen, ihre Fortschritte zu bewerten, Verbesserungsbereiche zu identifizieren und die notwendigen Anpassungen an ihren Strategien vorzunehmen. Eine kontinuierliche Verbesserung ist ein wesentlicher Aspekt beim Erreichen des Erfolgs.

Zusammenfassend bilden die Gewohnheiten die Grundlage für den Erfolg, indem sie Konsistenz, Disziplin und Effizienz fördern. Die Entwicklung positiver Gewohnheiten trägt zu persönlicher Entwicklung, Zielleistungen und allgemeinem Wohlbefinden bei und schafft einen Rahmen für den langfristigen Erfolg.

C. Überblick über den Ansatz des Buches, bessere Gewohnheiten aufzubauen

Bessere Gewohnheiten aufbauen: Ein Leitfaden zum Erfolg wird das Verständnis der Gewohnheiten, die Wissenschaft der Gewohnheitsbildung, das Festlegen klarer Ziele, die Schaffung eines Gewohnheitsgebiets, die Kraft der Konsistenz, das Aufbau positiver Gewohnheiten, das Brechen negativer Gewohnheiten, die Nutzung von Rechenschaftspflicht und Unterstützung, Denkweise, Denkweise, die Kraft der Konsistenz, das Aufbau positiver Gewohnheiten, untersuchen Verschiebung für den Erfolg des Gewohnheitsverhältnisses und die Überwindung gemeinsamer Herausforderungen.

Gewohnheiten verstehen: Das Buch untersucht die grundlegenden Konzepte von Gewohnheiten und befasst sich mit der Bildung von Gewohnheiten, ihren psychologischen Grundlagen und den Auswirkungen, die sie auf unser tägliches Leben haben.

Die Wissenschaft der Gewohnheit Bildung: Dieser Abschnitt taucht in die wissenschaftlichen Prinzipien hinter der Gewohnheitsbildung ein und enthält Einblicke aus Verhaltenspsychologie und Neurowissenschaften, um ein tieferes Verständnis der Mechanismen zu vermitteln.

Klare Ziele festlegen: Die Bedeutung der Festlegung klarer und spezifischer Ziele wird diskutiert, wobei die Zieleinstellung mit der Einrichtung und Verstärkung positiver Gewohnheiten verknüpft wird.

Schaffung einer gewohnheitsbildenden Umgebung: Dieser Aspekt konzentriert sich auf die Gestaltung der eigenen Umgebung, um die Entwicklung der gewünschten Gewohnheiten zu unterstützen und die Auswirkungen der Umwelt auf das Verhalten hervorzuheben.

Die Kraft der Konsistenz: Konsistenz ist ein zentrales Thema beim Aufbau von Gewohnheiten. Das Buch untersucht, wie regelmäßig und wiederholte Aktionen zur Einrichtung und Wartung von Gewohnheiten beitragen.

Positive Gewohnheiten aufbauen: Strategien zur Pflege positiver Gewohnheiten, möglicherweise mit Schwerpunkt auf kleinen, überschaubaren Veränderungen und den kumulativen Auswirkungen dieser Gewohnheiten im Laufe der Zeit.

Brechen negativer Gewohnheiten: Das Buch ist die Herausforderung, nachteilige Gewohnheiten zu überwinden, praktische Ratschläge zum Brechen negativer Muster und das Ersetzen durch positive Verhaltensweisen.

Nutzung der Rechenschaftspflicht und Unterstützung: Die Bedeutung der sozialen Rechenschaftspflicht und der Unterstützungssysteme für die Aufrechterhaltung positiver Gewohnheiten wird diskutiert und die Leser Strategien für den

Aufenthalt auf dem richtigen Weg zur Verfügung gestellt.

Mindset-Verschiebung für den Erfolg des Gewohnheit: Untersuchung der Rolle der Denkweise bei der Gewohnheitsbildung, einschließlich der Kultivierung einer positiven und wachstumsorientierten Denkweise kann zum langfristigen Erfolg beitragen.

Überwindung gemeinsamer Herausforderungen: Anerkennung und Bewältigung gemeinsamer Hindernisse und Herausforderungen, denen sich Einzelpersonen gegenübersehen, wenn sie versuchen, Gewohnheiten zu etablieren und aufrechtzuerhalten.

Insgesamt zielt das Buch darauf ab, Lesern einen ganzheitlichen Leitfaden zu bieten, der verschiedene Aspekte der Gewohnheitsbildung, der persönlichen Entwicklung und des Erfolgs mit einem praktischen und umsetzbaren Ansatz abdeckt.

Ii. Gewohnheiten verstehen

Das Verständnis der Gewohnheiten ist ein aufregender und entscheidender Aspekt unseres täglichen Lebens! Gewohnheiten sind im Wesentlichen die Art und Weise unseres Gehirns, effizient zu sein und Energie zu sparen. Sie werden durch wiederholte Verhaltensweisen gebildet und werden schließlich automatisch. Indem wir die Wissenschaft hinter den Gewohnheiten verstehen, können wir die Kontrolle über unser Leben übernehmen und positive Veränderungen vornehmen. Egal, ob es sich um eine schlechte Angewohnheit handelt oder um eine neue, gesündere zu schaffen. Wenn wir wissen, wie Gewohnheiten arbeiten, können wir unser Leben zum Besseren verändern. Mit diesem Wissen können wir unser Gehirn neu verdrehen und uns in allen Bereichen unseres Lebens auf den Erfolg vorbereiten. Nutzen wir die Kraft der Gewohnheiten und leben wir unser bestes Leben!

A. Erklärung der Gewohnheitsschleife

Die Gewohnheitsschleife ist ein Konzept, das von Charles Duhigg in seinem Buch "The Power of Habit" populär gemacht wurde. Es beschreibt einen dreistufigen Prozess, der die Grundlage dafür bildet, wie Gewohnheiten geschaffen und aufrechterhalten werden.

Die drei Komponenten der Gewohnheitsschleife sind:

Cue (oder Auslöser): Dies ist die erste Stufe der Gewohnheitsschleife. Der Stichwort ist ein Signal oder Auslöser, das die Gewohnheit initiiert. Es könnte ein externes Ereignis, ein internes Gefühl, eine bestimmte Tageszeit oder ein anderer Reiz sein, der das Gehirn dazu veranlasst, ein bestimmtes Verhalten zu initiieren. Hinweise können in verschiedene Typen eingeteilt werden, z. B. zeitbasierte, standortbasierte, emotionale oder situative Auslöser.

Routine (oder Verhalten): Die Routine ist das tatsächliche Verhalten oder die tatsächliche Aktion, die vom Hinweis ausgelöst wird. Es repräsentiert die Gewohnheit selbst. Dies ist der Teil der Schleife, in dem die Person als Reaktion auf den Hinweis eine bestimmte Aktion oder ein bestimmtes Verhalten ausführt. Dieses Verhalten kann alles von einer einfachen Aktion bis zu einer komplexeren Reihe von Aktionen sein.

Belohnung: Die Belohnung ist die positive Verstärkung, die der Routine folgt. Es ist das Ergebnis oder das Gefühl, das das durch das Stichwort geschaffene Verlangen erfüllt und die Gewohnheitsschleife verstärkt. Belohnungen können intrinsisch (wie ein Gefühl der Leistung oder des Vergnügens) oder extrinsisch (wie eine materielle Belohnung) sein. Die Belohnung ist wichtig, damit die Gewohnheitsschleife sich stärken kann, da sie dem Gehirn signalisiert, dass sich das Verhalten lohnt und in Zukunft wiederholt werden sollte.

Das Verständnis der Gewohnheitsschleife liefert Einblicke in die Bildung von Gewohnheiten und wie sie verändert werden können. Wenn jemand eine neue Angewohnheit errichten oder eine bestehende Brechen brechen möchte, kann er mit der Gewohnheitsschleife zusammenarbeiten, indem er die mit dem Verhalten verbundenen Hinweise, Routinen und Belohnungen identifiziert und manipuliert. Durch die Veränderung eines oder mehrere Elemente der Gewohnheitsschleife können Einzelpersonen ihre Gewohnheiten im Laufe der Zeit absichtlich formen und verändern.

1. Stichwort

Im Kontext der Gewohnheitsschleife bezieht sich ein Hinweis auf die erste Stufe des Prozesses und dient als Auslöser oder Signal, das ein bestimmtes Verhalten oder eine bestimmte Routine initiiert. Hinweise können verschiedene Formen annehmen und sind die Eingabeaufforderungen, die Einzelpersonen dazu veranlassen, sich auf eine bestimmte Gewohnheit einzulassen. Hinweise können in verschiedene Typen eingeteilt werden:

Zeitbasierte Hinweise: Dies sind Auslöser, die mit einer bestimmten Tageszeit verbunden sind. Zum Beispiel kann das Aufwachen am Morgen, eine Pause am Nachmittag oder die nachts ins Bett gehen, kann als zeitbasierte Hinweise dienen.

Standortbasierte Hinweise: Bestimmte Umgebungen oder Standorte können als Hinweise dienen. Wenn Sie beispielsweise die Küche betreten, kann dies eine Gewohnheit ausführen, die sich mit dem Essen oder Kochen befasst.

Emotionale Hinweise: Emotionale Zustände wie Stress, Glück, Langeweile oder Frustration können als Hinweise dienen. Menschen entwickeln oft Gewohnheiten, um mit ihren emotionalen Zuständen umzugehen oder sie zu verbessern.

Situationshinweise: Spezifische Situationen oder Ereignisse können Gewohnheiten auslösen. Zum Beispiel kann das Erzählen einer Arbeits -E -Mail ein Hinweis sein, um soziale Medien zu überprüfen.

Die mit einer Gewohnheit verbundenen Hinweise zu identifizieren und zu verstehen, ist entscheidend, um die Gewohnheiten absichtlich zu ändern oder zu schaffen. Indem Individuen die Hinweise erkennen, die ein bestimmtes Verhalten auslösen, können Individuen in die Gewohnheitsschleife eingreifen und absichtliche Änderungen vornehmen, um entweder positive Gewohnheiten zu verstärken oder negative durch konstruktive Verhaltensweisen zu ersetzen. Dieser Prozess ist grundlegend für das Konzept der Gewohnheitsbildung und des Verhaltensveränders.

2. Routine

In der Gewohnheitsschleife ist die Routine die zweite Stufe und bezieht sich auf das tatsächliche Verhalten oder die tatsächliche Aktion, die als Reaktion auf den Hinweis auftritt. Es ist die gewohnheitsmäßige Aktivität, die eine Person automatisch oder halbautomatisch ausführt, nachdem sie durch einen bestimmten Hinweis ausgelöst wurde. Die Routine ist das Verhalten, das die Gewohnheit selbst definiert.

Wenn sich der Stichwort beispielsweise gestresst anfühlt (emotionaler Hinweis), kann die Routine darin bestehen, nach einem Snack zu greifen oder sich in irgendeiner Form von Stressreliefaktivitäten wie tiefem Atmen oder kurzer Spaziergang zu beteiligen. Wenn das Cue nach der Arbeit nach Hause kommt (standortbasiertes Hinweis), kann die Routine in bequeme Kleider umziehen und den Fernseher einschalten.

Die Routine ist die gewohnheitsmäßige Reaktion auf den Hinweis, und sie charakterisiert die Gewohnheitsschleife. Dieses Verhalten wird im Laufe der Zeit durch Wiederholung verankert, und je konsequent die Routine als Reaktion auf den Hinweis durchgeführt wird, desto stärker wird die Gewohnheit.
Wenn Einzelpersonen versuchen, Gewohnheiten zu ändern oder zu etablieren, konzentrieren sie sich häufig auf die Änderung ihrer Routine. Dies kann dazu beitragen, eine negative Routine durch eine positive zu ersetzen, kleine Anpassungen der vorhandenen Routine vorzunehmen oder ein neues Verhalten insgesamt einzuführen. Indem Individuen die Routine bewusst gestaltet

werden, können sie die allgemeine Gewohnheitsschleife beeinflussen und auf die Erzielung ihrer gewünschten Verhaltensergebnisse hinarbeiten.

3. Belohnung

In der Gewohnheitsschleife ist die Belohnung die dritte und letzte Phase, die die positive Verstärkung oder den Vorteil darstellt, der der Fertigstellung der Routine folgt. Die Belohnung ist eine kritische Komponente, da sie die Gewohnheitsschleife verstärkt und dem Gehirn signalisiert, dass sich das mit der Routine verbundene Verhalten lohnt und in Zukunft wiederholt werden sollte.

Die Belohnung vermittelt ein Gefühl von Zufriedenheit, Vergnügen oder Erfüllung und schafft einen positiven Zusammenhang mit der Gewohnheit. Es erfüllt ein Verlangen, das durch das Stichwort ausgelöst und durch die Routine erfüllt wird. Das Gehirn verbindet dann den Hinweis, die Routine und die Belohnung miteinander und stärkt die mit der Gewohnheit verbundenen neuronalen Wege.

Wenn sich das Cue beispielsweise müde anfühlt (emotionaler Hinweis), könnte die Routine darin bestehen, ein koffeinhaltiges Getränk zu konsumieren, und die Belohnung ist die erhöhte Wachsamkeit und Energie, die folgt. Wenn das Cue ins Fitnessstudio (standortbasierter Hinweis) eintritt, kann die Routine das Training beinhalten, und die Belohnung könnte das Gefühl der Leistung, verbesserte Stimmung oder körperliches Wohlbefinden sein.

B. Arten von Gewohnheiten (positiv gegen negativ)

Gewohnheiten können weitgehend in zwei Haupttypen eingeteilt werden: positive Gewohnheiten (auch als gute Gewohnheiten bezeichnet) und negative Gewohnheiten (oder schlechte Gewohnheiten). Diese Klassifizierungen basieren auf den

Auswirkungen der Gewohnheiten auf das Wohlbefinden, die Produktivität und die allgemeine Lebensqualität einer Person. Hier ist ein kurzer Überblick über jeden Typ:

Positive Gewohnheiten (gute Gewohnheiten):

Beispiele: Regelmäßige Bewegung, gesunde Ernährung, Dankbarkeit, effektives Zeitmanagement, konsistente Schlafmuster, Lesen und Setzen und Erreichen von Zielen.

Merkmale: Positive Gewohnheiten tragen zu persönlichem Wachstum, Wohlbefinden und Erfolg bei. Sie stimmen oft mit individuellen Zielen überein und führen zu positiven Ergebnissen in Bezug auf körperliche Gesundheit, geistiges Wohlbefinden, Produktivität und allgemeine Lebenszufriedenheit.

Vorteile: Verbesserte Gesundheit, erhöhtes Energieniveau, verstärkter geistiger Fokus, größere Produktivität, bessere Beziehungen und Leistungsgefühl.

Negative Gewohnheiten (schlechte Gewohnheiten):

Beispiele: Aufschub, übermäßiger Konsum von ungesunden Lebensmitteln, Rauchen, übermäßiger Alkoholkonsum, **Nagelbissen, negativer Selbstgespräch und ständiger Verspätung**.

Merkmale: Negative Gewohnheiten haben nachteilige Auswirkungen auf die körperliche und psychische Gesundheit, behindern die persönliche Entwicklung und können zu unerwünschten Folgen führen. Sie bieten oft kurzfristige Zufriedenheit, können jedoch zu langfristigen negativen Ergebnissen beitragen.

Konsequenzen: Beeinträchtigte Gesundheit, reduzierte Produktivität, angespannte Beziehungen, finanzielle Herausforderungen, erhöhter Stress und ein Gefühl der Unzufriedenheit.

Es ist wichtig zu beachten, dass die Klassifizierung einer Gewohnheit als positiv oder negativ je nach individuellen Zielen und kulturellen Normen variieren kann. Was für eine Person als positive Angewohnheit angesehen werden kann, ist möglicherweise nicht unbedingt für eine andere gleich. Darüber hinaus existieren Gewohnheiten in einem Spektrum, und einige Verhaltensweisen können sowohl positive als auch negative Aspekte aufweisen.

Das Ändern der Gewohnheiten beinhaltet in der Regel das Ersetzen negativer Gewohnheiten durch positive. Dieser Prozess kann Selbstbewusstsein, Zielsetzung und konsequente Anstrengungen erfordern, um neue Routinen zu entwickeln und positive Verhaltensweisen im Laufe der Zeit zu verstärken.

C. Identifizieren bestehender Gewohnheiten

Die Identifizierung vorhandener Gewohnheiten beinhaltet die Beobachtung Ihres täglichen Verhaltens und Routinen, um Muster zu erkennen, die regelmäßig auftreten. Hier sind einige Schritte, mit denen Sie Ihre vorhandenen Gewohnheiten identifizieren können:

Selbstreflexion:

Nehmen Sie sich etwas Zeit für die Selbstreflexion. Betrachten Sie verschiedene Bereiche Ihres Lebens, wie Arbeit, persönliche Beziehungen, Gesundheit und Freizeit.
Denken Sie über Ihre typischen täglichen Aktivitäten, Routinen und Verhaltensweisen nach. Betrachten Sie die Handlungen, die Sie fast

automatisch ausführen, ohne viel bewusst zu denken.

Halten Sie ein Gewohnheitsjournal:

Bewahren Sie ein Tagebuch für eine Woche oder länger auf und dokumentieren Sie Ihre täglichen Aktivitäten und Routinen. Fügen Sie Details darüber hinzu, was bestimmte Verhaltensweisen auslöst, welche Maßnahmen Sie ergreifen und welche Gefühle oder Ergebnisse sich daraus ergeben. Beachten Sie die Tageszeit, Ihren Standort und Ihren emotionalen Zustand, wenn Sie sich auf bestimmte Aktivitäten ausüben.

Muster identifizieren:

Suchen Sie nach Mustern und Wiederholungen in Ihrem Tagebuch. Gibt es bestimmte Verhaltensweisen, die konsequent als Reaktion auf bestimmte Hinweise oder Auslöser auftreten? Achten Sie auf wiederkehrende Aktivitäten, die Sie möglicherweise nicht als Gewohnheiten kennen.

Bitten Sie um Feedback:

Manchmal können andere Einblicke in Ihre Gewohnheiten geben, die Sie möglicherweise nicht sehen. Fragen Sie Freunde, Familie oder Kollegen, ob sie Muster in Ihrem Verhalten bemerkt haben.

Achtsamkeit und Bewusstsein:

Üben Sie Achtsamkeit und bringen Sie den ganzen Tag über Ihre Handlungen auf. Seien Sie im Moment präsent und beobachten Sie bewusst Ihr Verhalten. Überlegen Sie, wie Sie sich vor, während und nach bestimmten Aktivitäten fühlen.
Gemeinsame Gewohnheitskategorien:

Erforschen Sie gemeinsame Gewohnheitskategorien wie Gesundheitsgewohnheiten (Essen, Training), Produktivitätsgewohnheiten (Zeitmanagement, Planung), soziale Gewohnheiten (Kommunikation, Netzwerk) und emotionale Gewohnheiten (Bewältigungsmechanismen, Stressmanagement).

Bewerten Sie positive und negative Aspekte:

Bewerten Sie die Auswirkungen Ihrer Gewohnheiten auf Ihr Leben. Identifizieren Sie Gewohnheiten, die positiv zu Ihrem Wohlbefinden beitragen, und diejenigen, die negative Konsequenzen haben können.

Technologie verwenden:

Verwenden Sie Apps oder Tools für Gewohnheitsverfolgung, um Ihre Aktivitäten zu protokollieren und zu überwachen. Diese Tools können im Laufe der Zeit Einblicke in Ihre Gewohnheiten geben.

Wenn Sie einen proaktiven und aufmerksamen Ansatz verfolgen, können Sie Ihre vorhandenen Gewohnheiten besser verstehen. Dieses Bewusstsein ist ein entscheidender erster Schritt, wenn Sie absichtliche Änderungen an Ihren Gewohnheiten vornehmen möchten, unabhängig davon, ob es sich um negative Gewohnheiten handelt oder um positive zu kultivieren.

III. Die Wissenschaft der Gewohnheit Bildung

Die Wissenschaft der Gewohnheitsbildung ist ein multidisziplinäres Feld, das auf Erkenntnisse aus Psychologie, Neurowissenschaften und Verhaltenswissenschaften zurückgreift, um zu verstehen, wie Gewohnheiten geschaffen, aufrechterhalten und verändert werden. Hier sind die wichtigsten Aspekte der Wissenschaft der Gewohnheitsbildung:

Gewohnheitsschleife:

Die von Charles Duhigigg in seinem Buch "The Power of Habit" populäre Gewohnheitsschleife beschreibt einen dreistufigen Prozess: Cue, Routine und Belohnung. Es ist ein grundlegender Rahmen, um zu verstehen, wie Gewohnheiten funktionieren. Cues -Trigger -Gewohnheiten, Routinen sind das Verhalten oder Handlungen, und Belohnungen verstärken die Gewohnheitsschleife.

Neuroplastizität:

Die Neuroplastizität bezieht sich auf die Fähigkeit des Gehirns, sich selbst zu organisieren, indem sie während des gesamten Lebens neue neuronale Verbindungen herstellen. Gewohnheiten sind mit neuronalen Wegen im Gehirn verbunden, und die Neuroplastizität ermöglicht es, dass diese Wege durch Wiederholung und Verstärkung neu verdrahtet werden.

Basalganglien:

Die Basalganglien sind eine Region im Gehirn, die eine entscheidende Rolle bei der Gewohnheitsbildung spielt. Es hilft, Muster und Verhalten in automatische Routinen zu codieren. Wenn die Gewohnheiten tief verwurzelt sind, verlagern sie von bewussten Anstrengungen (kontrolliert vom präfrontalen Kortex) zu automatischen, unbewussten Antworten, die von den Basalganglien kontrolliert werden.

Dopamin und Belohnungen:

Dopamin, ein Neurotransmitter, spielt eine bedeutende Rolle bei der Gewohnheitsbildung. Es ist mit dem Belohnungssystem des Gehirns verbunden. Wenn auf ein Verhalten eine Belohnung folgt, wird Dopamin freigesetzt, was die Gewohnheitsschleife verstärkt. Im Laufe der Zeit wird die Erwartung der Belohnung zu einem mächtigen Motivator.

Cue-Response-Ertragsmodell:

Gewohnheiten werden häufig mit einem Cue-Response-Belohnungsmodell konzipiert. Der Hinweis löst eine bestimmte Antwort oder ein bestimmtes Verhalten aus, was zu einer Belohnung führt. Dieses Modell hilft Forschern und Psychologen, die Abfolge von Ereignissen in der Gewohnheitsbildung zu verstehen und zu intervenieren, um Gewohnheiten zu erstellen oder zu modifizieren.

Gewohnheitsbildung im Gehirn:

Die Gewohnheiten beinhalten Veränderungen der synaptischen Plastizität, der Freisetzung von Neurotransmitter und der neuronalen Brennmuster im Gehirn. Wenn Verhaltensweisen wiederholt werden, stärken synaptische Verbindungen, wodurch die Gewohnheit automatischer und weniger auf bewusste Entscheidungen angewiesen ist.

Rolle des präfrontalen Kortex:

Der präfrontale Kortex, insbesondere der dorsolaterale präfrontale Kortex, ist an der Entscheidungsfindung, der Zielsetzung und der bewussten Kontrolle beteiligt. In den frühen Stadien der Gewohnheitsbildung ist der präfrontale Kortex stärker engagiert, aber wenn die Gewohnheiten verankert werden, nimmt die Beteiligung dieser Region ab.

Kognitive Skripte:

Kognitive Skripte sind mentale Repräsentationen erlernter Verhaltenssequenzen. Gewohnheiten werden häufig mit spezifischen kognitiven Skripten verbunden, und die Wiederholung dieser Skripte verstärkt die Gewohnheitsschleife.
Das Verständnis der Wissenschaft hinter der Gewohnheitsbildung kann Individuen befähigen, ihr Verhalten absichtlich zu gestalten. Durch die Manipulation von Hinweisen, Routinen und Belohnungen können Einzelpersonen Gewohnheiten erstellen, modifizieren oder brechen, wodurch die Plastizität des Gehirns nutzt, um positive Verhaltensveränderungen zu fördern.

A. Neurologische Aspekte der Gewohnheitsbildung

Die neurologischen Aspekte der Gewohnheitsbildung beinhalten komplexe Prozesse im Gehirn, einschließlich des Zusammenspiels verschiedener Hirnregionen, Neurotransmitter und Neuralwege. Das Verständnis dieser neurologischen Aspekte kann beleuchten, wie Gewohnheiten erzeugt, aufrechterhalten und verändert werden. Hier sind Schlüsselelemente im Zusammenhang mit den neurologischen Aspekten der Gewohnheitsbildung:

Basalganglien:

Die Basalganglien sind eine Gruppe von Kernen, die sich tief im Gehirn befinden, und spielt eine zentrale Rolle bei der Gewohnheitsbildung. Es hilft, Gewohnheitsverhalten zu codieren und zu speichern. Wenn die Gewohnheiten mehr verwurzelt werden, übernimmt die Basalganglien die Kontrolle über diese Verhaltensweisen, macht sie automatisch und erfordert weniger bewusste Anstrengung.

Neurotransmitter, Dopamin und Belohnungen:

Dopamin, ein Neurotransmitter, ist ein wichtiger Spieler im Belohnungssystem des Gehirns und ist eng mit der Bildung von Gewohnheiten verbunden. Wenn auf eine Aktion oder ein Verhalten eine lohnende Erfahrung folgt, wird Dopamin freigegeben. Diese Freisetzung verstärkt die mit dem Verhalten verbundenen neuronalen Verbindungen und stärkt die Gewohnheitsschleife.

Striatum:

Das Striatum, ein Teil der Basalganglien, ist besonders an der Gewohnheitsbildung beteiligt. Es erhält Eingaben vom Kortex und ist für die Einleitung und Koordination von Gewohnheitsmaßnahmen verantwortlich. Änderungen im Striatum werden beobachtet, wenn Gewohnheiten gebildet werden und automatischer werden.

Präfrontaler Kortex:

Der präfrontale Kortex, insbesondere der dorsolaterale präfrontale Kortex (DLPFC), ist entscheidend für Entscheidungsfindung, Zielsetzung und bewusste Kontrolle. In den frühen Stadien der Gewohnheitsbildung ist der präfrontale Kortex aktiv engagiert.

Wenn die Gewohnheiten jedoch weiter verwurzelt werden, nimmt die Abhängigkeit von bewusster Entscheidungsfindung ab und die Kontrollverschiebung zu subkortikalen Strukturen wie den Basalganglien.

Neuroplastizität:

Die Neuroplastizität bezieht sich auf die Fähigkeit des Gehirns, sich selbst durch die Herstellung neuer neuronaler Verbindungen neu zu organisieren. Gewohnheiten beinhalten Änderungen der synaptischen Plastizität, bei denen wiederholte Verhaltensweisen die Verbindungen zwischen Neuronen stärken und die Gewohnheit automatischer machen.

Hippocampus:

Der Hippocampus, eine Gehirnregion, die mit Lernen und Gedächtnis verbunden ist, ist an den Anfangsstadien der Gewohnheitsbildung beteiligt. Es hilft, kontextbezogene Informationen in Bezug auf die Gewohnheit zu codieren. Mit der Zeit nimmt die Beteiligung des Hippocampus mit der Zeit, wenn die Gewohnheiten automatischer werden.

Kleinhirn:

Das Kleinhirn, das traditionell mit der motorischen Kontrolle verbunden ist, ist ebenfalls in die Gewohnheitsbildung beteiligt. Es spielt eine Rolle bei der Verfeinerung und Automatisierung von motorischen Bewegungen, die mit gewohnheitsmäßigem Verhalten verbunden sind.

Endocannabinoidsystem:

Das Endocannabinoidsystem, das endogene Cannabinoide und Rezeptoren im Gehirn umfasst, wurde in die Gewohnheitsbildung in Verbindung gebracht. Die Modulation dieses Systems kann die Verstärkung des gewohnheitsmäßigen Verhaltens beeinflussen.

Das Verständnis der komplizierten Wechselwirkungen zwischen diesen Gehirnregionen und Neurotransmittersystemen liefert Einblicke in die Frage, warum Gewohnheiten häufig eine Veränderung schwierig sind. Die Gewohnheitsbildung beinhaltet ein dynamisches Zusammenspiel neuronaler Prozesse, die sich von bewussten, zielgerichteten Aktionen zu automatischen, tief verwurzelten Verhaltensweisen im Laufe der Zeit verlagern. Interventionen zur Veränderung der Gewohnheiten können diese neurologischen Mechanismen nutzen, um eine positive Verhaltensänderung zu erleichtern.

B. Rolle des Belohnungssystems des Gehirns

Das Belohnungssystem des Gehirns spielt eine entscheidende Rolle bei der Bildung, Motivation und Verstärkung bestimmter Verhaltensweisen. Dieses System umfasst ein komplexes Netzwerk neuronaler Strukturen und Neurotransmitter, die zusammenarbeiten, um Verhaltensweisen zu signalisieren und zu verstärken, die mit angenehmen Erfahrungen verbunden sind. Hier sind Schlüsselkomponenten und die Rolle des Belohnungssystems des Gehirns:

Dopamin -Freisetzung:

Dopamin ist ein Neurotransmitter, der eine zentrale Rolle im Belohnungssystem des Gehirns spielt. Es wird oft als "Wohlfühl" - Neurotransmitter bezeichnet. Wenn das Gehirn einen lohnenden Reiz wie Nahrung, soziale Interaktion oder Leistung erwartet oder erlebt, wird Dopamin freigesetzt.

Nucleus accumbens:

Der Nucleus accumbens ist eine Schlüsselkomponente des Belohnungskreislaufs des Gehirns. Es ist Teil des ventralen Striatums und ist an der Verarbeitung von Belohnungen und der Verstärkung des Verhaltens beteiligt, die mit positiven Ergebnissen verbunden sind. Die Dopaminfreisetzung im Nucleus Accumbens ist mit Vergnügen und Motivation verbunden.

Ventral Tegmental Area (VTA):

Das ventrale Tegmentalbereich ist eine Region im Mittelhirn, die eine entscheidende Rolle bei der Dopaminproduktion spielt. Neuronen im VTA füllen Dopamin frei, das in verschiedene Gehirnregionen reist, einschließlich des Nucleus accumbens und dem präfrontalen Kortex, was die Motivation und Verstärkung beeinflusst.

Präfrontaler Kortex:

Der präfrontale Kortex, insbesondere der ventromediale präfrontale Kortex, ist an der Entscheidungsfindung, der Zielsetzung und der Bewertung der potenziellen Belohnungen und Folgen von Maßnahmen beteiligt. Es interagiert mit dem Belohnungssystem, um das Verhalten auf der Grundlage der erwarteten Ergebnisse zu leiten.

Amygdala:

Die Amygdala ist an der Verarbeitung von Emotionen beteiligt, einschließlich der emotionalen Wertigkeit von Stimuli. Es spielt eine Rolle bei der Verbindung von Emotionen mit Belohnungen oder Bestrafungen und beeinflusst die Verstärkung von

Verhaltensweisen auf der Grundlage emotionaler Erfahrungen.

Hippocampus:

Der Hippocampus, eine Region, die mit Lernen und Gedächtnis zugeordnet ist, hilft, Kontextinformationen im Zusammenhang mit Belohnungserfahrungen zu codieren. Es trägt zur Bildung von Erinnerungen bei, die mit positiven Ergebnissen verbunden sind und das zukünftige Verhalten beeinflusst.

Endorphine:

Endorphine sind Neurotransmitter, die als natürliche Schmerzmittel und Stimmungsaufzüge fungieren. Sie werden während Aktivitäten wie Bewegung veröffentlicht und tragen zu den positiven Gefühlen bei, die mit diesen Aktivitäten verbunden sind.

Opioidsystem:

Das Opioidsystem des Gehirns, einschließlich Rezeptoren für endogene Opioide, spielt ebenfalls eine Rolle bei der Belohnungsverarbeitung. Opioidrezeptoren sind an den angenehmen Gefühlen in Verbindung mit bestimmten Verhaltensweisen beteiligt.

Das Belohnungssystem des Gehirns ist ein starker Motivator, der Verhaltensweisen verstärkt, das mit positiven Ergebnissen verbunden ist. Im Kontext der Gewohnheitsbildung spielt das Belohnungssystem eine Schlüsselrolle bei der Stärkung der Gewohnheitsschleife - Cue, Routine und Belohnung -, indem bestimmte Verhaltensweisen mit angenehmen Erfahrungen in Verbindung gebracht werden. Dieser Verstärkungsmechanismus erklärt, warum Gewohnheiten im Laufe der Zeit tief verwurzelt und automatisch werden können, da das Gehirn lernt, Aktionen zu suchen und zu wiederholen, die zu lohnenden Ergebnissen führen. Das Verständnis des Zusammenspiels dieser neuronalen Prozesse ist entscheidend, um zu verstehen, wie Gewohnheiten gebildet und aufrechterhalten werden.

C. wie Gewohnheiten automatisch werden

Die Gewohnheiten werden durch einen als Da Verhaltensweisen im Laufe der Zeit wiederholt werden, unterliegt das Gehirn Veränderungen in seiner Struktur und Funktion, wodurch die Leistung dieser Verhaltensweisen automatischer und weniger auf bewusste Entscheidungen angewiesen ist. Mehrere Schlüsselmechanismen tragen zur Automatik der Gewohnheiten bei:

Stärkung der neuronalen Wege:

Wenn ein Verhalten wiederholt wird, stärkt es die Verbindungen zwischen Neuronen in bestimmten Hirnregionen, die mit diesem Verhalten verbunden sind. Dieser Prozess beinhaltet die Verbesserung der synaptischen Plastizität, wobei die Effizienz der Kommunikation zwischen Neuronen zunimmt.

Basalganglien Beteiligung:

Die Basalganglien, eine Gruppe von Kernen, die sich tief im Gehirn befinden, spielt eine zentrale Rolle bei der Gewohnheitsbildung. Wenn die Gewohnheiten mehr verwurzelt werden, übernimmt die Basalganglien die Kontrolle über diese Verhaltensweisen. Diese Verlagerung von bewusster Steuerung zur automatischen Verarbeitung trägt zur Automatik der Gewohnheiten bei.

Verringerung der Beteiligung der präfrontalen Kortex:

In den frühen Stadien der Gewohnheitsbildung ist der präfrontale Kortex, insbesondere der dorsolaterale präfrontale Kortex (DLPFC), aktiv mit Entscheidungsfindung und Zieleinstellung beschäftigt. Wenn die Gewohnheiten automatischer werden, nimmt das Vertrauen in den präfrontalen Kortex ab und die Kontrolle verlagert sich zu subkortikalen Strukturen wie den Basalganglien.

Dopaminverstärkung:

Dopamin, ein Neurotransmitter, der mit Belohnung und Vergnügen verbunden ist, spielt eine Schlüsselrolle bei der Verstärkung der Gewohnheiten. Wenn auf ein Verhalten eine lohnende Erfahrung folgt, wird Dopamin veröffentlicht. Dies verstärkt die mit dem Verhalten verbundenen neuronalen Verbindungen, wodurch die Gewohnheit eher wiederholt wird.

Cue-Response-Erwartungsschleife:

Die Gewohnheitsschleife, die aus einem Hinweis, einer Routine und Belohnung besteht, wird mit Wiederholung stärker verankert. Das Gehirn lernt, bestimmte Hinweise mit bestimmten Routinen und den dazugehörigen Belohnungen zu verbinden. Im Laufe der Zeit verstärkt diese Cue-Response-Belohnungsschleife und trägt zur Automatik der Gewohnheiten bei.

Kontextverbände:

Gewohnheiten werden häufig an bestimmte Kontexte oder Situationen gebunden. Das Gehirn bildet Assoziationen zwischen dem Verhalten und den Umwelthinweisen und macht die Gewohnheit automatischer, wenn sie durch vertraute Kontexte ausgelöst werden.

Kognitive Skripte:

Kognitive Skripte sind mentale Repräsentationen erlernter Verhaltenssequenzen. Wenn die Gewohnheiten automatischer werden, werden sie häufig mit spezifischen kognitiven Skripten in Verbindung gebracht. Diese Skripte leiten die Abfolge von Handlungen, ohne bewusst nachzudenken.

Verringerung der kognitiven Belastung:

Automatische Verhaltensweisen erfordern weniger kognitive Ressourcen, da sie als Routinen im Gehirn gespeichert werden. Diese Verringerung der kognitiven Belastung ermöglicht es Einzelpersonen, gewohnheitsmäßige Handlungen mit minimaler bewusster Anstrengung auszuführen.

Wenn die Gewohnheiten automatisch werden, sind sie resistenter gegen Veränderungen, da sie tief in die neuronalen Schaltkreise des Gehirns eingebettet sind. Durch das Brechen oder Modifizieren der automatischen Gewohnheiten beinhaltet häufig absichtliche Anstrengungen, um die etablierten neuronalen Wege zu stören, neue Assoziationen zu schaffen und alternative Verhaltensweisen zu verstärken. Das Verständnis der neuronalen Mechanismen hinter der Automatik der Gewohnheit bietet Einblicke in wirksame Strategien für Verhaltensänderungen.

Iv. Klare Ziele setzen

Das Festlegen klarer Ziele ist ein entscheidender Schritt in der persönlichen und beruflichen Entwicklung, der Bereitstellung von Anweisungen, Motivation und einem Rahmen für Leistungen. Hier sind einige wichtige Prinzipien und Schritte, die Sie berücksichtigen sollten, wenn Sie klare Ziele festlegen:

Sei genau:

Definieren Sie Ihre Ziele klar mit Spezifität. Vage oder mehrdeutige Ziele können schwierig sein. Anstatt beispielsweise "Ich möchte mehr ausüben" sagen, geben Sie an, dass ich jeden Morgen 30 Minuten lang joggen werde.

Ziele messbar machen:

Definieren Sie Ziele auf eine Weise, die es Ihnen ermöglicht, den Fortschritt zu verfolgen. Legen Sie messbare Kriterien fest, um zu beurteilen, ob Sie das Ziel erreicht haben. Dies hilft bei der Überwachung Ihrer Leistung und der motivierten Bleiben. Anstatt zum Beispiel "Gewicht verlieren" zu sagen, geben Sie "in zwei Monaten 10 Pfund" an.

Setzen Sie erreichbare Ziele:

Stellen Sie sicher, dass Ihre Ziele realistisch und erreichbar sind. Während es wichtig ist, hoch zu zielen, kann es zu frustrierenden und Demotivation führen, unrealistische Ziele zu setzen. Berücksichtigen Sie Ihre aktuellen Funktionen, Ressourcen und Zeitbeschränkungen.

Relevanz für Ihre Werte:

Richten Sie Ihre Ziele auf Ihre Werte und Prioritäten aus. Ziele, die persönlich sinnvoll sind, werden eher von Leidenschaft und Engagement verfolgt. Überlegen Sie, wie jedes Ziel zu Ihrer breiteren Vision für Ihr Leben beiträgt.

Zeit gebunden:

Legen Sie einen Zeitrahmen für die Erreichung Ihrer Ziele ein. Dies schafft ein Gefühl der Dringlichkeit und hilft Ihnen, konzentriert zu bleiben. Anstatt zu sagen, dass "Ich möchte eine neue Sprache lernen", geben Sie "Ich werde innerhalb von sechs Monaten Gesprächspanisch lernen."

Größere Ziele abbauen:

Wenn Sie erhebliche, langfristige Ziele haben, zeugen Sie sie in kleinere, überschaubare Aufgaben. Dies macht das Gesamtziel erreichbar und ermöglicht es Ihnen, kleinere Siege auf dem Weg zu feiern.

Schreiben Sie Ihre Ziele auf:

Das Dokumentieren Ihrer Ziele macht sie greifbarer und verstärkt Ihr Engagement. Schreiben Sie Ihre Ziele in einem Tagebuch, in einem Vision Board oder in einem digitalen Format auf. Dieser Akt der Aufzeichnung erhöht Ihre Rechenschaftspflicht.

Erstellen Sie einen Aktionsplan:

Umzusetzen Sie die spezifischen Schritte und Aktionen, die Sie ausführen müssen, um jedes Ziel zu erreichen. Ein genau definierter Aktionsplan bietet eine Roadmap, die es einfacher macht, den Weg zu Ihren Zielen zu navigieren.

Regelmäßig überprüfen und anpassen:

Überprüfen Sie regelmäßig Ihre Ziele und Fortschritte. Bewerten Sie, ob Ihre Ziele noch relevant sind, die Zeitpläne gegebenenfalls anpassen und Erfolge feiern. Diese laufende Überprüfung ermöglicht Flexibilität und Anpassung.

Feedback und Unterstützung suchen:

Teilen Sie Ihre Ziele mit anderen, sei es Freunde, Familie oder Kollegen. Wenn Sie Feedback und Unterstützung suchen, können Sie Ermutigung, Anleitung und Rechenschaftspflicht bieten.

Erfolg visualisieren:

Erstellen Sie ein mentales Bild von sich selbst, um Ihre Ziele erfolgreich zu erreichen. Die Visualisierung kann die Motivation verbessern und Hindernisse überwinden, indem eine positive Denkweise verstärkt werden.

Bleib flexibel:

Wenn Sie klare Ziele festlegen, sind Sie offen, um sie anhand der sich ändernden Umstände, neuen Informationen oder Veränderungen der Prioritäten anzupassen. Flexibilität ermöglicht einen adaptiveren und widerstandsfähigeren Ansatz zur Zielsetzung.

Denken Sie daran, dass das Setzen klarer Ziele keine einmalige Aktivität, sondern ein fortlaufender Prozess ist. Überprüfen Sie regelmäßig Ihre Ziele und verfeinern Sie Ihre Ziele im Fortschritt und während sich Ihre Umstände entwickeln. Dieser iterative Ansatz stellt sicher, dass Ihre Ziele weiterhin mit Ihren Bestrebungen übereinstimmen und zu Ihrem allgemeinen Wachstum und Erfolg beitragen.

A. Die Bedeutung der Zielsetzung in der Gewohnheitsbildung

Die Zieleinstellung spielt eine entscheidende Rolle bei der Gewohnheitsbildung und bietet einen strukturierten Rahmen, der den Einzelnen zu absichtlichen und anhaltenden Verhaltensänderungen führt. Hier sind einige Gründe, die die Bedeutung der Zielsetzung in der Gewohnheitsbildung hervorheben:

Richtung und Zweck:

Ziele bieten einen klaren Sinn für Richtung und Zweck. Sie helfen Einzelpersonen zu identifizieren, was sie erreichen wollen, und fördert ein Sinn für Bedeutung und Motivation in ihren Handlungen. Diese Klarheit ist grundlegend für die Initiierung und Nachhaltigkeitsgewohnheiten.

Motivation und Fokus:

Gut definierte Ziele fungieren als mächtige Motivatoren. Sie schaffen ein Gefühl von Dringlichkeit und Absicht und helfen dabei, sich auf ihre gewünschten Ergebnisse zu konzentrieren. Motivation ist ein wichtiger Treiber für die Festlegung und Aufrechterhaltung der Gewohnheiten.

Messbare Fortschritt:

Ziele sind oft quantifizierbar und messbar. Dies ermöglicht den Einzelnen, ihren Fortschritt zu verfolgen und greifbare Beweise für ihre Leistungen zu liefern. Die Messung des Fortschritts verstärkt ein Erfolgsgefühl und fördert anhaltende Anstrengungen.

Rechenschaftspflicht:

Das Festlegen von Zielen legt ein Gefühl der Rechenschaftspflicht fest. Wenn sich Einzelpersonen zu bestimmten Zielen verpflichten, fühlen sie sich eher für ihre Handlungen verantwortlich. Diese Rechenschaftspflicht trägt zu einem höheren Engagement für die Bildung und Aufrechterhaltung der Gewohnheiten bei.

Komplexität abbrechen:

Die Ziele unterteilen größere Ziele in kleinere, überschaubare Aufgaben. Dieser Schritt-für-Schritt-Ansatz vereinfacht die Komplexität der Verhaltensänderung und erleichtert es den Einzelpersonen, konsistente Maßnahmen zu ergreifen und Gewohnheiten im Laufe der Zeit aufzubauen.

Konzentrieren Sie sich auf Verhaltensänderungen:

Ziele verlagern den Fokus von vagen Absichten auf konkrete Handlungen. Anstatt nur den Wunsch nach Veränderungen auszudrücken, identifizieren Personen mit klaren Zielen die spezifischen Verhaltensweisen, die sie benötigen, um ihre Ziele zu erreichen.

Verbesserte Persistenz:

Klare Ziele tragen angesichts der Herausforderungen zur Beharrlichkeit bei. Wenn Einzelpersonen auf Hindernisse stoßen, kann es als Motivationsquelle dienen, ein gut definiertes Ziel zu haben, um sie zu ermutigen, Rückschläge zu überwinden und weiterhin auf ihre gewünschten Ergebnisse hinzuarbeiten.

Priorisierung von Bemühungen:

Ziele helfen Einzelpersonen, ihre Bemühungen zu priorisieren und Ressourcen effektiv zuzuweisen. Durch die Ermittlung der kritischsten Verhaltensweisen oder Änderungen, die erforderlich sind, um ein Ziel zu erreichen, können sich Einzelpersonen auf Aktionen konzentrieren, die den größten Einfluss auf die Gewohnheitsbildung haben.

Persönliche Entwicklung:

Ziele spiegeln oft persönliche und Entwicklungszüge wider. Ob im Zusammenhang mit Gesundheit, Karriere, Beziehungen oder Selbstverbesserung, Ziele bieten einen Rahmen für fortlaufendes Wachstum und Entwicklung und tragen zu einem ganzheitlichen Ansatz zur Gewohnheitsbildung bei.

Positive Verstärkung:

Das Erreichen von Zielen erzeugt ein Gefühl der Leistung und Befriedigung. Diese positive Verstärkung stärkt die Gewohnheitsschleife und verstärkt den Zusammenhang zwischen spezifischen Verhaltensweisen und positiven Ergebnissen.

Anpassungsfähigkeit und Anpassungen:

Durch das Festlegen von Zielen können sich Einzelpersonen anpassen und Anpassungen basierend auf Fortschritt, Rückmeldung oder sich ändernden Umständen vornehmen. Diese Flexibilität ist entscheidend für die Verfeinerung von Strategien und den Aufenthalt der Gewohnheitsbildung.

Zusammenfassend ist die Zielsetzung als Leitkraft, die die Absicht mit Handlungen ausrichtet und Einzelpersonen die Struktur, Motivation und Rechenschaftspflicht zur Verfügung stellt, um positive Gewohnheiten zu etablieren und aufrechtzuerhalten. Indem sie klare und sinnvolle Ziele festlegen, erhöhen die Einzelpersonen ihre Wahrscheinlichkeit des Erfolgs im Prozess der Gewohnheitsbildung.

B. Smart Ziele: spezifisch, messbar, erreichbar, relevant, zeitlich gebunden

Intelligente Ziele sind ein Rahmen für die Festlegung von Zielen, die spezifisch, messbar, erreichbar, relevant und zeitgebunden sind. Dieser Ansatz bietet eine klare und strukturierte Möglichkeit, Ziele zu definieren und auf Ziele hinzuarbeiten. Hier ist eine Aufschlüsselung der einzelnen Komponenten intelligenter Ziele:

Spezifisch:

Definieren Sie das Ziel klar mit Spezifität. Seien Sie genau darüber, was Sie erreichen möchten, und beantworten Sie die Fragen: Was, warum und wie. Je spezifischer Ihr Ziel ist, desto einfacher ist es, Ihre Bemühungen zu konzentrieren und den Fortschritt zu messen.

Beispiel: Anstelle eines vagen Ziels wie "More -Sport" wäre ein bestimmtes Ziel "jeden Morgen 30 Minuten lang, um die kardiovaskuläre Fitness zu verbessern".

Messbar:

Legen Sie konkrete Kriterien fest, um den Fortschritt zu messen und festzustellen, wann das Ziel erreicht ist. Quantifizieren Sie Aspekte des Ziels, damit Sie Ihre Leistung verfolgen und bewerten können.

Beispiel: Anstelle eines nicht messbaren Ziels wie "gesünder essen" wäre ein messbares Ziel "mindestens fünf Portionen Obst und Gemüse jeden Tag".

Erreichbar:

Stellen Sie sicher, dass das Ziel realistisch und erreichbar ist. Es ist zwar wichtig, ehrgeizige Ziele festzulegen, aber sie sollten in Anbetracht Ihrer aktuellen Fähigkeiten, Ressourcen und Einschränkungen auch möglich sein.

Beispiel: Anstelle eines unrealistischen Ziels wie "20 Pfund in einer Woche verlieren" wäre ein erreichbares Ziel "1-2 Pfund pro Woche durch eine Kombination aus ausgewogener Ernährung und regelmäßiger Bewegung".

Relevant:

Das Ziel sollte relevant und mit Ihren Werten, Prioritäten und breiteren Zielen ausgerichtet sein. Stellen Sie sicher, dass das Ziel im Kontext Ihrer gesamten Vision für die persönliche oder berufliche Entwicklung sinnvoll ist.

Beispiel: Anstatt ein Ziel zu verfolgen, das für Ihre Bestrebungen nicht relevant ist, könnte ein relevantes Ziel "einen Online -Kurs im digitalen Marketing abschließen, um Fähigkeiten und Karriereaussichten zu verbessern".

Zeit gebunden:

Legen Sie einen bestimmten Zeitrahmen für das Erreichen des Ziels fest. Eine Frist schafft ein Gefühl der Dringlichkeit und hilft bei der effektiven Verwaltung der Zeit. Es bietet auch einen klaren Endpunkt für die Bewertung des Erfolgs.

Beispiel: Anstelle eines offenen Ziels wie "Lernen einer neuen Sprache" wäre ein zeitgebundenes Ziel "innerhalb von sechs Monaten die Gesprächsflüssigkeit in Spanisch, indem er 30 Minuten täglich der Sprachpraxis widmet".

Durch die Anwendung der intelligenten Kriterien auf Ihren Ziel-Festlegungsprozess verbessern Sie die Klarheit, den Fokus und die Machbarkeit Ihrer Ziele. Dieser Rahmen wird in verschiedenen Bereichen, einschließlich persönlicher Entwicklung, Projektmanagement und organisatorischer Zieleinstellung, häufig verwendet, um eine erfolgreiche und strategische Zielerleistungen zu fördern.

C. Ausrichtung der Gewohnheiten mit langfristigen Zielen

Die Ausrichtung der Gewohnheiten mit langfristigen Zielen ist für eine anhaltende persönliche und berufliche Entwicklung von wesentlicher Bedeutung. Hier sind einige wichtige Strategien, um sicherzustellen, dass Ihre Gewohnheiten Ihre übergeordneten Ziele unterstützen und beitragen:

Klären Sie Ihre langfristigen Ziele:

Definieren Sie Ihre langfristigen Ziele und Bestrebungen klar. Verstehen Sie, was Sie in verschiedenen Bereichen Ihres Lebens erreichen möchten, wie Karriere, Gesundheit, Beziehungen und persönliche Entwicklung. Diese Klarheit bildet eine Grundlage für die Ausrichtung der Gewohnheiten mit Ihren übergreifenden Zielen.

Identifizieren Sie wichtige Verbesserungsbereiche:

Bewerten Sie die Bereiche Ihres Lebens, in denen Sie Verbesserungsmöglichkeiten sehen oder in denen Gewohnheiten erhebliche Auswirkungen haben können. Identifizieren Sie die Verhaltensweisen, die, wenn sie konsequent praktiziert würden, zur Erreichung Ihrer langfristigen Ziele beitragen.

Langfristige Ziele in Gewohnheiten zerlegen:

Teilen Sie Ihre langfristigen Ziele in kleinere, überschaubare Gewohnheiten auf. Identifizieren Sie die spezifischen Aktionen und Verhaltensweisen, die bei konsequentem Durchführen zu Fortschritten zu Ihren größeren Zielen führen. Dieser Schritt-für-Schritt-Ansatz macht die Ziele erreichbar.

Legen Sie Keystone -Gewohnheiten fest:

Keystone -Gewohnheiten sind grundlegende Verhaltensweisen, die sich positiv auf andere Bereiche Ihres Lebens auswirken. Identifizieren und priorisieren Sie Keystone-Gewohnheiten, die Ihren langfristigen Zielen übereinstimmen. Diese Gewohnheiten können als Katalysatoren für positive Veränderungen dienen.

Erstellen Sie einen Umsetzungsplan für Gewohnheiten:

Entwickeln Sie einen detaillierten Plan für die Implementierung neuer Gewohnheiten. Geben Sie das Cue, die Routine und die Belohnung für jede Gewohnheit nach dem Gewohnheitsschleifenmodell an. Betrachten Sie Faktoren wie Timing, Umwelt und Auslöser, die die erfolgreiche Einführung jeder Gewohnheit unterstützen.

Priorisieren Sie die Konsistenz vor Intensität:

Konsistenz ist der Schlüssel, wenn Gewohnheiten erstellt werden, die mit langfristigen Zielen übereinstimmen. Konzentrieren Sie sich darauf, eine Routine zu etablieren und in Ihren Bemühungen konsequent zu sein. Kleine, nachhaltige Aktionen führen regelmäßig häufig zu bedeutenderen und dauerhaften Ergebnissen.

Integrieren Sie Gewohnheiten in den täglichen Routinen:

Integrieren Sie Ihre neuen Gewohnheiten in Ihre täglichen Routinen. Das Ausrichten von Gewohnheiten mit vorhandenen Routinen erleichtert die Einführung. Wenn Ihr Ziel beispielsweise darin besteht, mehr zu lesen, in Ihre tägliche Routine einbeziehen, indem Sie dies täglich während einer bestimmten Zeit tun.

Verfolgen Sie den Fortschritt und passen Sie an:

Verfolgen Sie regelmäßig Ihren Fortschritt in Richtung Ihrer langfristigen Ziele. Bewerten Sie die Wirksamkeit Ihrer Gewohnheiten und nehmen Sie bei Bedarf Anpassungen vor. Wenn bestimmte Gewohnheiten nicht zu Ihren Zielen beitragen, sollten Sie sie ändern oder alternative Verhaltensweisen untersuchen.

Kultivieren Sie eine Wachstumsdeduktion:

Nehmen Sie eine Wachstumsanzeige an, die Herausforderungen als Lern- und Verbesserungsmöglichkeiten sieht. Erkennen Sie an, dass Gebäudegewohnheiten, die mit langfristigen Zielen ausgerichtet sind, eine Reise sind, und Rückschläge sind Teil des Prozesses. Lernen Sie aus Erfahrungen und verfeinern Sie Ihre Gewohnheiten weiter.

Meilensteine feiern:

Feiern Sie auf dem Weg Erfolge. Bestätigen Sie und belohnen Sie sich, wenn Sie Meilensteine erreichen oder bestimmte Ziele erreichen. Positive Verstärkung verbessert die Motivation und verstärkt den Zusammenhang zwischen Gewohnheiten und Erfolg. Rechenschaftspflicht und Unterstützung suchen:

Teilen Sie Ihre Ziele und Gewohnheiten mit Freunden, Familienmitgliedern oder Kollegen, die Rechenschaftspflicht und Unterstützung bieten können. Ein Unterstützungssystem kann es einfacher machen, sich auf Ihre Gewohnheiten zu verpflichten, insbesondere in herausfordernden Zeiten.

Indem Sie Ihre Gewohnheiten auf langfristige Ziele ausrichten, schaffen Sie eine synergistische Beziehung zwischen täglichen Aktionen und übergeordneten Zielen. Durch konsequentes Üben von Gewohnheiten, die Ihre Ziele unterstützen, bilden im Laufe der Zeit Dynamik und führen zu einem sinnvollen und nachhaltigen persönlichen und beruflichen Wachstum.

V. Schaffung einer gewohnheitsbildenden Umgebung

Die Schaffung einer gewohnheitsbildenden Umgebung beinhaltet die Gestaltung Ihrer Umgebung, um die Verhaltensweisen zu unterstützen und zu verstärken, die Sie zu Gewohnheiten entwickeln möchten. Ihre Umgebung hat erhebliche Auswirkungen auf Ihre Gewohnheiten und beeinflusst Hinweise, Routinen und die allgemeine Gewohnheitsschleife. Hier sind Strategien zur Schaffung einer gewohnheitsbildenden Umgebung:

Identifizieren Sie Auslöser und Hinweise:

Erkennen Sie die Hinweise oder Auslöser, die Ihre gewünschten Gewohnheiten auffordern. Dies können bestimmte Tageszeiten, Standorte, emotionale Zustände oder Ereignisse sein. Nutzen Sie diese Hinweise, sobald sich die Verhaltensweisen in Gewohnheiten verwandeln möchten.

Das gewünschte Verhalten sichtbar machen:

Erhöhen Sie die Sichtbarkeit von Hinweisen im Zusammenhang mit Ihren gewünschten Gewohnheiten. Stellen Sie Erinnerungen, Notizen oder visuelle Hinweise an herausragenden Orten an, um als ständige Erinnerungen zu dienen. Diese visuelle Verstärkung hält Ihre Ziele im Fokus.

Barrieren entfernen:

Beseitigen Sie Hindernisse oder Barrieren, die die Leistung Ihrer gewünschten Gewohnheiten behindern können. Machen Sie es so einfach wie möglich, sich auf das Verhalten einzulassen, das Sie übernehmen möchten. Dies könnte das Organisieren Ihrer Umgebung, das Einrichten der erforderlichen Tools oder die

Beseitigung von Ablenkungen beinhalten.

Entwerfen Sie einen speziellen Raum:

Erstellen Sie einen speziellen Raum in Ihrer Umgebung, der der Gewohnheit, die Sie entwickeln möchten, förderlich sind. Egal, ob es sich um einen Trainingsbereich, ein Leseecke oder ein bestimmter Arbeitsbereich handelt, der einen bestimmten Ort für das Verhalten hat die Angewohnheit Bildung.

Verwenden Sie Technologie und Tools:

Nutzen Sie Technologie und Tools, um Ihre Gewohnheiten zu unterstützen. Setzen Sie Erinnerungen auf Ihrem Telefon, verwenden Sie Apps mit Gewohnheitsverfolgung oder verwenden Sie Geräte, die Ihren Zielen übereinstimmen. Technologie kann zusätzliche Hinweise und Rechenschaftspflicht bieten.

Rituale etablieren:

Entwickeln Sie Rituale vor oder nach dem Verhalten, die den Beginn oder das Ende einer Gewohnheit signalisieren. Diese Rituale können als zusätzliche Hinweise dienen, die die Gewohnheitsschleife verstärken und das Verhalten automatischer machen.

Soziale Unterstützung und Rechenschaftspflicht:

Umgeben Sie sich mit Personen, die Ihre Ziele unterstützen. Teilen Sie Ihre Gewohnheiten mit Freunden, Familienmitgliedern oder Kollegen, die Ermutigung, Rechenschaftspflicht und positive Verstärkung bieten können. Soziale Unterstützung stärkt Ihre Gewohnheitsbildung.

Verknüpfung von Gewohnheiten mit vorhandenen Routinen:

Integrieren Sie neue Gewohnheiten in vorhandene Routinen. Verbinden Sie das gewünschte Verhalten mit Aktionen, die Sie bereits regelmäßig ausführen. Dies hilft, die Gewohnheit in Ihrem täglichen Leben zu verankern, und minimiert die Anstrengung, die erforderlich ist, um sie zu etablieren.

Erstellen Sie eine positive Atmosphäre:

Fördern Sie eine positive und ermutigende Atmosphäre in Ihrer Umgebung. Umgeben Sie sich mit Elementen, die Sie inspirieren und motivieren. Dies kann erhebende Zitate, Bilder oder Symbole enthalten, die sich auf Ihre Ziele beziehen.

Batch -Gewohnheiten:

Kombinieren Sie oder stapeln Sie bezogene Gewohnheiten, um Ihre Routine zu optimieren. Durch die Durchführung mehrerer Gewohnheiten nacheinander kann ein natürlicher Fluss führen und die Effizienz erhöhen. Dies hilft dabei, Gewohnheiten miteinander zu verbinden und die Gesamtroutine zu verstärken.

Belohnungssystem:

Legen Sie ein Belohnungssystem in Ihrer Umgebung ein. Associate vervollständigt eine Gewohnheit mit einer positiven Belohnung, um das Verhalten zu verstärken. Dies könnte ein kleiner Genuss, eine Pause oder eine andere Form der positiven Verstärkung sein, die für Sie von Bedeutung ist.

Regelmäßig beurteilen und anpassen:

Bewerten Sie Ihre Umgebung regelmäßig und nehmen Sie anhand Ihrer Erfahrungen und Fortschritte Anpassungen vor. Wenn bestimmte Elemente Ihrer Umgebung der Gewohnheitsbildung nicht förderlich sind, sollten Sie Änderungen vornehmen, um Ihre Ziele besser zu unterstützen.

Indem Sie Ihre Umgebung absichtlich gestalten, um sich an Ihren gewünschten Gewohnheiten zu übereinstimmen, schaffen Sie ein unterstützendes Ökosystem, das die Wahrscheinlichkeit der Gewohnheitsbildung erhöht. Ziel ist es, das gewünschte Verhalten in Ihrer täglichen Umgebung zugänglicher, sichtbarer und angenehmer zu gestalten.

A. Entwerfen Sie Ihren physischen Raum, um positive Gewohnheiten zu unterstützen

Die Gestaltung Ihres physischen Raums zur Unterstützung positiver Gewohnheiten beinhaltet die Schaffung einer Umgebung, die das Verhalten fördert und verstärkt, das Sie kultivieren möchten. Hier sind praktische Tipps zum Entwerfen eines Raums, der die Entwicklung positiver Gewohnheiten erleichtert:
Entsteuern und organisieren:

Ein übereinander-freier und organisierter Raum kann sich positiv auf Ihre Denkweise auswirken und die gewünschten Gewohnheiten leichter machen. Löschen Sie unnötige Gegenstände, organisieren Sie Ihre Sachen und schaffen Sie eine saubere, visuell ansprechende Umgebung.

Erstellen Sie einen speziellen Arbeits- oder Lernraum:

Wenn Ihr Ziel Arbeit- oder Lerngewohnheiten umfasst, benennen Sie einen bestimmten Bereich für diese Aktivitäten. Ein dedizierter Arbeitsbereich hilft dabei, den Beginn und Ende der Arbeits-/Studiensitzungen zu signalisieren und den Fokus und die Produktivität zu verbessern.

Richten Sie eine Trainingszone ein:

Bestimmen Sie einen Raum für Bewegung, wenn Sie versuchen, eine Fitnessgewohnheit zu entwickeln. Es kann sich um eine Ecke mit Übungsausrüstung, einer Yogamatte oder einfach einem offenen Bereich für Körpergewichtsübungen handeln. Stellen Sie sicher, dass der Raum einladend und förderlich zur körperlichen Aktivität ist.

Natürliches Licht einbeziehen:

Maximieren Sie die Exposition gegenüber natürlichen Licht in Ihrem Raum. Natürliches Licht hat zahlreiche gesundheitliche Vorteile und kann sich positiv auf Ihre Stimmung und Ihr Energieniveau auswirken. Vereinbaren Sie Ihre Möbel und Arbeitsstationen, um das verfügbare natürliche Licht zu nutzen.

Verwenden Sie achtsam Farben:

Betrachten Sie die psychologischen Auswirkungen von Farben in Ihrer Umgebung. Einige Farben können Entspannung, Fokus oder Kreativität fördern. Wählen Sie Farben aus, die den Zielen des spezifischen Raums übereinstimmen und die beabsichtigte Stimmung und Atmosphäre berücksichtigen.

Erstellen Sie eine Entspannungsecke:

Wenn Ihr Ziel eine Stressreduzierung oder Entspannung beinhaltet, bezeichnen Sie eine gemütliche Ecke mit bequemen Sitzgelegenheiten, weicher Beleuchtung und Gegenständen, die die Entspannung fördern (wie Kissen, Decken oder beruhigendes Dekor).

Pflanzen und Naturelemente integrieren:

Bringen Sie Elemente der Natur in Ihren Raum, indem Sie Innenpflanzen, natürliche Texturen oder von Natur inspirierte Kunstwerke einbeziehen. Die Exposition gegenüber der Natur wurde mit einem verbesserten Wohlbefinden in Verbindung gebracht und kann Ihre Denkweise positiv beeinflussen.

Verwenden Sie personalisierte visuelle Hinweise:

Zeigen Sie visuelle Hinweise an, die Ihren Gewohnheiten und Zielen übereinstimmen. Dies kann Vision Boards, Motivationszitate oder Bilder umfassen, die die Ergebnisse darstellen, die Sie erreichen möchten. Diese Hinweise dienen als Erinnerungen und Inspirationsquellen.

Erstellen Sie eine Lese -Nook:

Wenn Ihre Gewohnheit das Lesen beinhaltet, stellen Sie eine bequeme Leseecke mit einem gemütlichen Stuhl, einer guten Beleuchtung und einem Bücherregal ein. Machen Sie es zu einem einladenden Raum, der regelmäßige Lesesitzungen fördert.

Ablenkungen begrenzen:

Identifizieren und minimieren Sie potenzielle Ablenkungen in Ihrer Umgebung. Erstellen Sie einen fokussierten und förderlichen Raum, indem Sie unnötige Gegenstände entfernen oder Ihren Raum so organisieren, dass die Unterbrechungen minimiert werden.

Technologie -Setup:

Organisieren Sie Ihre Technologie, um Ihre Gewohnheiten zu unterstützen. Stellen Sie sicher, dass Geräte für Produktivitätsgewohnheiten aufgeladen und zugänglich sind, oder stellen Sie eine dedizierte Ladestation ein, um die Zugspunkte während der Entspannungszeiten zu fördern.

Investieren Sie in qualitativ hochwertige Möbel und Werkzeuge:

Erwägen Sie, in ergonomische und komfortable Möbel zu investieren, die Ihre Aktivitäten unterstützen. Die richtigen Werkzeuge und Ausrüstung für Ihre Gewohnheiten können die Erfahrung angenehmer und nachhaltiger machen.

Personalisieren Sie Ihren Raum:

In den Raum einfließen. Personalisierung schafft ein Gefühl von Besitz und Komfort. Zeigen Sie Elemente an, die Ihnen Freude bereiten und zu einer positiven Atmosphäre beitragen.

Denken Sie daran, dass das Entwerfen Ihres physischen Raums ein dynamischer Prozess ist. Bewerten Sie Ihre Umgebung regelmäßig, nehmen Sie nach Bedarf Anpassungen vor und stellen Sie sicher, dass sie weiterhin mit Ihren sich entwickelnden Gewohnheiten und Zielen übereinstimmt. Ein sorgfältig gestalteter Raum kann ein starker Verbündeter sein, um positive Verhaltensänderungen zu verfolgen.

B. Hindernisse und Ablenkungen entfernen

Das Entfernen von Hindernissen und Ablenkungen aus Ihrer Umgebung ist ein entscheidender Schritt, um einen förderlichen Raum für die Entwicklung positiver Gewohnheiten zu schaffen. Durch die Minimierung potenzieller Hindernisse und Unterbrechungsquellen können Sie den Fokus, die Produktivität und die Wahrscheinlichkeit der Gewohnheitsbildung verbessern. Hier sind Strategien, um Hindernisse und Ablenkungen effektiv zu beseitigen:

Ablenkungen identifizieren:

Identifizieren Sie zunächst die spezifischen Ablenkungen und Hindernisse in Ihrer Umgebung. Dazu gehören Unordnung, Geräusche, unnötige Geräte oder alles, was Ihre Aufmerksamkeit von Ihren beabsichtigten Aktivitäten ablenkt.

Deaktivieren Sie Ihren Raum:

Rationalieren Sie Ihre Umgebung durch Entstörung. Entfernen Sie unnötige Gegenstände und organisieren Sie Ihren Raum auf eine Weise, die Klarheit und Ordnung fördert. Ein über Unordnung freier Raum minimiert visuelle Ablenkungen und schafft eine fokussiertere Atmosphäre.

Organisieren Sie Ihren digitalen Raum:

Erweitern Sie die Entstörung auf Ihre digitale Umgebung. Organisieren Sie Ihre Computerdateien, E -Mails und Anwendungen. Abbestellen von unnötigen E -Mail -Listen, organisieren Sie Ihren Desktop und erstellen Sie Ordner, um die digitalen Räume ordentlich zu halten.

Legen Sie einen speziellen Arbeitsbereich ein:

Erstellen Sie einen dedizierten Arbeitsbereich für bestimmte Aktivitäten. Dies könnte ein bestimmter Bereich für Arbeit, Studium oder eine fokussierte Aufgabe sein. Ein dedizierter Raum zu haben, hilft, den Beginn und das Ende dieser Aktivitäten zu signalisieren und die Wahrscheinlichkeit von Ablenkungen zu verringern.

Stellen Sie klare Grenzen ein:

Kommunizieren Sie und setzen Sie klare Grenzen mit anderen, die Ihren Raum teilen. Lassen Sie Familienmitglieder, Mitbewohner oder Kollegen wissen, wann Sie ununterbrochen Zeit benötigen, um sich auf Ihre Gewohnheiten zu konzentrieren. Das Erstellen von Grenzen trägt dazu bei, ein respektvolles und unterstützendes Umfeld zu schaffen.

Verwenden Sie die Modi nicht stören:

Nutzen Sie die Modi "Nicht stören" auf Ihren Geräten. Aktivieren Sie diese Funktion während der fokussierten Arbeiten oder der Aufbau von Gewohnheiten, um Benachrichtigungen und Unterbrechungen von Aufrufen, Nachrichten oder App-Warnungen zu minimieren.

Eine Routine herstellen:

Entwickeln Sie eine konsistente Routine für Ihre Gewohnheiten. Legen Sie bestimmte Zeiten für fokussierte Arbeit, Entspannung und andere Aktivitäten fest. Eine vorhersehbare Routine hilft Ihrem Gehirn, sich an die festgelegten Konzentrationszeiten anzupassen, wodurch die Minimierung der Ablenkungen einfacher wird.

Priorisieren Sie Aufgaben:

Priorisieren Sie Ihre Aufgaben, um sicherzustellen, dass Sie sich auf die wichtigsten Aktivitäten konzentrieren. Das Angehen von Aufgaben mit hoher Priorität zuerst kann ein Gefühl der Leistung erzielen und die Versuchung verringern, von weniger kritischen Aktivitäten zu zögern oder abgelenkt zu werden.

Verwenden Sie Zeitmanagementtechniken:

Verwenden Sie Zeitmanagementtechniken wie die Pomodoro - Technik, die Zeitsperrung oder die Eisenhower -Matrix. Diese Methoden helfen dabei, Ihre Zeit zu strukturieren, fokussierte Zeiträume zuzuordnen und das Risiko von Multitasking oder Erliegen von Ablenkungen zu verringern.

Entfernen Sie unnötige Geräte:

Identifizieren und entfernen Sie unnötige Geräte oder Elemente, die für Ihre aktuelle Aufgabe nicht wesentlich sind. Halten Sie beispielsweise nur die Werkzeuge, die Sie benötigen, auf Ihrem Schreibtisch und speichern Sie andere Elemente außer Sichtweite, um die visuellen Ablenkungen zu minimieren.

Erstellen Sie eine ablenkungsfreie Zone:

Bestimmen Sie bestimmte Bereiche oder Zeiten als ablenkungsfreie Zonen. Geben Sie beispielsweise eine Regel ein, um den Esstisch oder Ihren Arbeitsbereich frei von Ablenkungen wie Fernsehen oder nicht verwandten Arbeitsmaterialien in bestimmten Stunden zu halten.

Verwenden Sie Kopfhörer für Geräusch-Krazieren:

Wenn Geräusche eine erhebliche Ablenkung sind, sollten Sie die Kopfhörer für Rauschaufbauungen verwenden, um eine fokussiertere Hörumgebung zu schaffen. Hören Sie instrumentelle Musik oder weißes Rauschen an, wenn es Ihnen hilft, sich zu konzentrieren.

Achtsamkeit üben:

Integrieren Sie Achtsamkeitspraktiken, um präsent und fokussiert zu bleiben. Techniken wie tiefes Atmen oder Meditation können Ihnen helfen, dem Drang zu widerstehen, Ablenkungen zu erliegen und die Konzentration auf Ihre Gewohnheiten aufrechtzuerhalten.

Durch konsequentes Anwenden dieser Strategien können Sie eine Umgebung schaffen, die positive Gewohnheiten unterstützt, indem unnötige Hindernisse und Ablenkungen entfernt werden. Wenn Sie einen absichtlicheren und fokussierteren Raum kultivieren, werden Sie es wahrscheinlich einfacher finden, sich an Ihr gewünschtes Verhalten zu beteiligen und aufrechtzuerhalten.

C. umgibt sich mit unterstützenden Einflüssen

Das Umgeben von unterstützenden Einflüssen ist eine starke Strategie für die persönliche und Gewohnheitsentwicklung. Positive Beziehungen und ein unterstützendes Umfeld können Ihre Denkweise, Ihre Motivation und Ihre Fähigkeit, positive Gewohnheiten zu etablieren und aufrechtzuerhalten, erheblich beeinflussen. Hier sind Möglichkeiten, ein unterstützendes Netzwerk und eine unterstützende Umgebung zu pflegen: Identifizieren Sie unterstützende Personen:

Erkennen und identifizieren Sie Personen in Ihrem Leben, die Ihre Ziele und Gewohnheiten unterstützen. Dies könnten Freunde,

Familienmitglieder, Kollegen, Mentoren oder Gleichgesinnte sein, die ähnliche Bestrebungen teilen.

Kommunizieren Sie Ihre Ziele:

Teilen Sie Ihre Ziele und Gewohnheiten mit denen, die Ihnen in Ihrer Nähe sind. Die Kommunikation Ihrer Absichten fördert nicht nur die Rechenschaftspflicht, sondern öffnet auch die Tür für Ermutigung, Rat und Unterstützung durch andere.

Umgeben Sie sich mit positiven Einflüssen:

Verbringen Sie Zeit mit Menschen, die positive Gewohnheiten und Einstellungen aufweisen. Wenn Sie sich mit Personen umgeben, die inspirieren und heben, können Sie eine Umgebung schaffen, die für persönliches Wachstum und positives Verhaltensänderung fördert.

Schließen Sie sich Gemeinschaften oder Gruppen an:

Suchen Sie nach Gemeinschaften oder Gruppen, die Ihren Interessen und Zielen entsprechen. Ob online oder persönlich, Teil einer Community zu sein, bietet eine Plattform für gemeinsame Erfahrungen, Motivation und gegenseitige Unterstützung.

Finden Sie einen Partner für Rechenschaftspflicht:

Identifizieren Sie einen Partner für Rechenschaftspflicht, der ähnliche Ziele oder Gewohnheiten teilt. Diese Person kann Ermutigung, ein Check-in zu Ihren Fortschritten bieten und konstruktives Feedback geben. Die gegenseitige Rechenschaftspflicht stärkt Ihr Engagement für positive Gewohnheiten.

Nehmen Sie an unterstützenden Aktivitäten teil:

Aktivitäten und Veranstaltungen durchführen, die Ihre Ziele unterstützen. Egal, ob Sie an Workshops, Kursen oder Meetups teilnehmen, und die Teilnahme an Umgebungen, die mit Ihren Bestrebungen übereinstimmen, erhöht die Wahrscheinlichkeit, unterstützende Personen zu erfüllen.

Begrenzung der Exposition gegenüber negativen Einflüssen:

Minimieren Sie die Exposition gegenüber Einzelpersonen oder Umgebungen, die Ihren Fortschritt behindern oder Ihre Bemühungen entmutigen können. Obwohl es möglicherweise nicht möglich ist, negative Einflüsse vollständig zu beseitigen, verbringen Sie bewusst mehr Zeit mit denjenigen, die Sie erheben und unterstützen.

Suchen Sie professionelle Anleitung:

Erwägen Sie, Anleitungen von Fachleuten oder Mentoren zu suchen, die in den Bereichen, an denen Sie arbeiten, über Fachwissen verfügen. Ihr Wissen und ihre Erfahrung können wertvolle Erkenntnisse und Anleitungen auf Ihrer Reise liefern.

Schaffen Sie eine positive Heimumgebung:

Fördern Sie eine positive Atmosphäre zu Hause, indem Sie Elemente einbeziehen, die Ihre Gewohnheiten inspirieren und unterstützen. Dies kann das Erstellen von speziellen Räumen für Ihre Aktivitäten, das Anzeigen von Motivationszitaten oder das Eingehen von gemeinsamen positiven Ritualen mit Familienmitgliedern umfassen.

Express Dankbarkeit:

Erkennen und bedanken Sie sich für die unterstützenden Einflüsse in Ihrem Leben. Diese positive Anerkennung verstärkt Ihre Verbindungen und schafft eine wechselseitige Atmosphäre der Ermutigung.

Nehmen Sie an Gruppenherausforderungen teil:

Schließen Sie sich den Gruppenherausforderungen oder -initiativen in Bezug auf Ihre Gewohnheiten an. Egal, ob es sich um eine Fitness -Herausforderung, einen Leseclub oder eine Gruppe für berufliche Entwicklung handelt, die Teilnahme an kollektiven Bemühungen kann Motivation und Gemeinschaftsgefühl vermitteln.

Feiern Sie gemeinsam Erfolge:

Teilen und feiern Sie Ihre Leistungen mit Ihrem unterstützenden Netzwerk. Das gemeinsame Feiern von Erfolgen verstärkt eine positive Einstellung und fördert den weiteren Fortschritt.

Eine Quelle der Unterstützung für andere sein:

Reziprozität ist der Schlüssel. Seien Sie ein unterstützender Einfluss für andere, die ihre Ziele und Gewohnheiten verfolgen. Ermutigung und Unterstützung fördert eine Kultur der gegenseitigen Unterstützung und schafft eine positive Rückkopplungsschleife.

Denken Sie daran, dass die Menschen, mit denen Sie sich umgeben und die Umgebung, die Sie schaffen, Ihre Gewohnheiten und das allgemeine Wohlbefinden erheblich beeinflussen können. Die Pflege eines unterstützenden Netzwerks und einer unterstützenden Umgebung verbessert Ihre Belastbarkeit, Motivation und die Wahrscheinlichkeit, positive Gewohnheiten in Ihr Leben erfolgreich zu integrieren.

Vi. Die Kraft der Konsistenz

Die Kraft der Konsistenz ist ein grundlegendes Prinzip für die persönliche Entwicklung und Gewohnheitsbildung. Konsistenz bezieht sich auf die Fähigkeit, im Laufe der Zeit wiederholt bestimmte Handlungen, Verhaltensweisen oder Gewohnheiten auszuführen. Hier ist der Grund, warum Konsistenz so mächtig ist:

Formulare Gewohnheiten:

Konsistenz ist der Schlüssel zur Bildungsgewohnheiten. Wenn Sie sich konsequent auf ein Verhalten einlassen, beginnt Ihr Gehirn, neuronale Wege zu verdrahten, die mit dieser Aktion verbunden sind, sodass es automatischer und im Laufe der Zeit verankerte.

Baut Dynamik auf:

Konsistente Aktionen erzeugen Schwung. Während Sie weiterhin regelmäßig eine Gewohnheit durchführen, baut der kumulative Effekt Dynamik auf, wodurch es einfacher ist, das Verhalten aufrechtzuerhalten und positive Ergebnisse zu erzielen.

Legt eine Routine fest:

Konsistenz hilft bei der Festlegung von Routinen. Eine regelmäßige Routine bietet Struktur und Vorhersehbarkeit, verringert die Entscheidungsmüdigkeit und erleichtert die Priorisierung und Erfüllung von Aufgaben.

Schafft ein Gefühl der Disziplin:

Konsistenz ist Ausdruck der Disziplin. Es erfordert Selbstkontrolle und die Fähigkeit, langfristige Ziele vor kurzfristigen Impulsen zu priorisieren. Die Entwicklung eines konsistenten Ansatzes fördert die Disziplin in verschiedenen Aspekten des Lebens.

Verbessert die Entwicklung der Fähigkeiten:

Unabhängig davon, ob Sie eine neue Fähigkeit lernen oder bestehende Verbesserungen verbessern, ist die Konsistenz von entscheidender Bedeutung. Durch regelmäßige Praxis können Sie Ihre Fähigkeiten verfeinern und verbessern, was zu einer kontinuierlichen Verbesserung führt.

Baut Vertrauen und Zuverlässigkeit auf:

Konsistenz in Handlungen baut Vertrauen auf, sowohl in sich selbst als auch in den Augen anderer. In Ihren Gewohnheiten zuverlässig und vorhersehbar zu sein, fördert ein Gefühl der Vertrauenswürdigkeit und Zuverlässigkeit.

Überwindet den Aufschub:

Konsistenz hilft, den Aufschub zu überwinden. Das Zerlegen von Aufgaben in kleine, überschaubare Schritte und konsequent daran, reduziert die Wahrscheinlichkeit eines Aufschubs und erleichtert den Fortschritt.

Fördert positive Verstärkung:

Die konsequente Anstrengung führt zu positiven Ergebnissen, was zu einer positiven Verstärkung führt. Das Erleben der Belohnungen Ihrer Handlungen verstärkt die Gewohnheitsschleife und macht es wahrscheinlicher, dass Sie das Verhalten fortsetzen.

Kultiviert eine Wachstumsdeduktion:

Ein konsistenter Ansatz ist mit einer Wachstumsdichtung in Einklang gebracht, die Herausforderungen und Rückschläge als Möglichkeiten für Lernen und Verbesserung betrachtet. Die Konsistenz fördert eine belastbare und adaptive Denkweise.

Verbessert das Zeitmanagement:

Konsistenz verbessert das Zeitmanagementfähigkeiten. Die Priorisierung und Verbreitung von Zeit für bestimmte Aktivitäten verbessert regelmäßig die Effizienz und hilft Ihnen, Ihre Zeit besser zu nutzen.

Fördert den langfristigen Erfolg:

Der langfristige Erfolg ist häufig das Ergebnis einer konsequenten, anhaltenden Anstrengung. Ob in persönlichen Beziehungen, Karriere oder Gesundheit, die Fähigkeit, im Laufe der Zeit konsequent zu bleiben, trägt zum dauerhaften Erfolg bei.

Reduziert die Entscheidungsfindung: Müdigkeit:

Konsistenz reduziert die Ermüdung der Entscheidungsfindung. Wenn bestimmte Verhaltensweisen routinemäßig werden, verbrauchen Sie weniger mentale Energie, um zu entscheiden, ob sie sich auf sie einlassen oder nicht, wodurch mehr kognitive Ressourcen für andere Aufgaben bleiben.

Schafft ein Erfolgsgefühl:

Durch konsequentes Arbeiten auf Ihre Ziele und die Erfüllung von Aufgaben führt zu einem Gefühl der Leistung und Befriedigung. Diese positiven Gefühle tragen zu einer motivierten und positiven Denkweise bei.

Fördert die Rechenschaftspflicht:

Konsistenz ist Ausdruck der Rechenschaftspflicht. Wenn Sie sich zu konsistenten Aktionen verpflichten, halten Sie sich für Ihre Entscheidungen und Verhaltensweisen zur Rechenschaft.

Zusammenfassend lässt sich sagen, dass die Kraft der Konsistenz in seiner Fähigkeit liegt, Gewohnheiten zu formen, Impuls zu bauen, Disziplin zu fördern und zu langfristigem Erfolg zu führen. Indem Individuen sich für konsequente, positive Handlungen verpflichten, können Individuen in verschiedenen Aspekten ihres Lebens einen sinnvollen und dauerhaften Wandel erreichen.

A. eine Routine festlegen

Die Festlegung einer Routine ist eine starke Möglichkeit, um Struktur und Konsistenz in Ihr tägliches Leben zu bringen. Routinen helfen dabei, die Zeit effektiv zu verwalten, die Entscheidungsmüdigkeit zu reduzieren und einen Rahmen für die Einbeziehung positiver Gewohnheiten zu schaffen. Hier finden Sie eine Schritt-für-Schritt-Anleitung, wie Sie eine Routine festlegen:

Definieren Sie Ihre Ziele und Prioritäten:

Identifizieren Sie Ihre kurzfristigen und langfristigen Ziele. Das Verständnis Ihrer Prioritäten ermöglicht es Ihnen, Ihre Routine um Aktivitäten zu strukturieren, die mit Ihren Zielen übereinstimmen.

Bewerten Sie Ihren aktuellen Zeitplan:

Bewerten Sie Ihren aktuellen Tagesplan. Identifizieren Sie vorhandene Routinen, Verpflichtungen und Zeitblöcke. Diese Bewertung bietet Einblicke in Ihre täglichen Muster und hilft, Verbesserungsbereiche zu identifizieren.

Setzen Sie realistische Erwartungen:

Seien Sie realistisch über Ihre Zeit- und Energiebeschränkungen. Vermeiden Sie es, Ihren Zeitplan zu überladen, da dies zu Burnout führen kann. Legen Sie erreichbare Ziele fest und leisten Sie eine Routine, die Ihre Verantwortlichkeiten und Prioritäten berücksichtigt.

Priorisieren Sie die Selbstpflege:

Priorisieren Sie Selbstpflegeaktivitäten wie angemessener Schlaf, Ernährung und Bewegung. Stellen Sie sicher, dass Ihre Routine Zeit für Aktivitäten umfasst, die zu Ihrem körperlichen und geistigen Wohlbefinden beitragen.

Erstellen Sie einen täglichen Zeitplan:

Entwickeln Sie einen täglichen Zeitplan, der Ihre Aktivitäten von Morgen bis Nacht umreißt. Fügen Sie spezielle Zeitblöcke für Arbeit, persönliche Entwicklung, Mahlzeiten, Bewegung und Entspannung ein. Eine visuelle Darstellung hilft Ihnen, zu sehen, wie Ihr Tag strukturiert ist.

Beginnen Sie klein und bauen Sie schrittweise:

Wenn Sie nicht an eine strukturierte Routine gewöhnt sind, beginnen Sie klein und bauen Sie sie im Laufe der Zeit allmählich auf. Führen Sie jeweils eine oder zwei neue Gewohnheiten oder Aktivitäten ein, um die Anpassung besser überschaubar zu machen.

Etablieren konsequentes Weck- und Bedtimes: Bettzeiten:

Setzen Sie konsistente Weck- und Schlafenszeitroutinen. Wenn Sie einen regelmäßigen Schlafplan haben, wird die innere Uhr Ihres Körpers reguliert und verbessert die allgemeine Schlafqualität.

Pufferzeit einschließen:

Ermöglichen Sie die Pufferzeit zwischen den Aktivitäten, um unerwartete Verzögerungen oder Übergänge zu berücksichtigen. Dies hilft, Stress zu vermeiden und ermöglicht den ganzen Tag über einen glatteren Fluss.

Fokusblöcke bestimmen:

Identifizieren Sie bestimmte Zeitblöcke für fokussierte Arbeit oder tiefe Arbeit. Widmen Sie ununterbrochene Zeiträume, um wichtige Aufgaben anzugehen und die Ablenkungen während dieser Fokusblöcke zu minimieren.

Pausen einbeziehen:

Integrieren Sie kurze Pausen in Ihre Routine, um sie aufzuladen. Pausen sind wichtig, um die Produktivität aufrechtzuerhalten und Burnout zu verhindern. Betrachten Sie Aktivitäten wie Stretching, Gehen oder ein paar Momente zum tiefen Atmen.

Fügen Sie Zeit für die Reflexion ein:

Weisen Sie Zeit für Reflexion oder Journaling aus. Das Nachdenken über Ihre Ziele, Erfolge und Herausforderungen verbessert das Selbstbewusstsein und ermöglicht eine kontinuierliche Verbesserung.

Batch ähnliche Aufgaben:

Gruppieren Sie ähnliche Aufgaben zusammen, um die Effizienz zu steigern. Batching -Aktivitäten reduzieren die kognitive Belastung, die mit dem Umschalten zwischen verschiedenen Arten von Aufgaben verbunden ist.

Bleib flexibel:

Während Routinen Struktur bieten, ist es wichtig, flexibel zu bleiben. Das Leben kann unvorhersehbar sein, und anpassungsfähig zu sein, können Sie bei Bedarf Ihre Routine anpassen, ohne sich überwältigt zu fühlen.

Kommunizieren Sie Ihre Routine:

Bringen Sie Ihre Routine an diejenigen mit, die möglicherweise davon betroffen sein, wie z. B. Familienmitglieder oder Kollegen. Diese Transparenz hilft, Erwartungen zu verwalten und das Verständnis zu fördern.

Regelmäßig bewerten und anpassen:

Bewerten Sie regelmäßig die Wirksamkeit Ihrer Routine. Bewerten Sie, ob es mit Ihren Zielen übereinstimmt, wenn Anpassungen erforderlich sind und ob bestimmte Aktivitäten hinzugefügt oder entfernt werden sollten.

Geduldig und hartnäckig sein:

Die Feststellung einer Routine erfordert Zeit und Beharrlichkeit. Seien Sie geduldig mit sich, wenn Sie sich an die neue Struktur anpassen, und bleiben Sie in Ihrem Engagement für positive Gewohnheiten und Konsistenz anhaltend.

Denken Sie daran, dass Routinen persönlich sind und auf Ihre individuellen Bedürfnisse und Vorlieben zugeschnitten werden sollten. Durch konsequentes Üben Ihrer Routine wird sie zu einem natürlichen Bestandteil Ihres täglichen Lebens und trägt zu einer erhöhten Produktivität, dem Wohlbefinden und dem Erreichen Ihrer Ziele bei.

B. Tägliche Rituale für den Erfolg

Tägliche Rituale können eine wichtige Rolle bei der Förderung des Erfolgs spielen, indem sie eine strukturierte und zielgerichtete Routine schaffen. Hier sind einige tägliche Rituale, die erfolgreiche Personen häufig in ihr Leben einbeziehen:

Morgenroutine:

Wachen Sie früh auf: Viele erfolgreiche Individuen führen einen Teil ihres Erfolgs dem frühzeitigen Aufwachen zu und bieten zusätzliche Zeit für Reflexion und Vorbereitung.
Feuchtigkeit und Ernährung: Beginnen Sie den Tag mit einem Glas Wasser, um Ihren Körper zu feuchten. Betrachten Sie ein nahrhaftes Frühstück, um Ihre Energie für den Tag zu befeuern.

Achtsamkeit und Reflexion:

Meditation oder Achtsamkeit: Integrieren Sie ein paar Minuten Meditation oder Achtsamkeit, um einen positiven Ton für den Tag festzulegen. Konzentrieren Sie sich auf Ihren Atem und kultivieren Sie eine ruhige und zentrierte Denkweise.
Journaling: Schreiben Sie Ihre Gedanken, Ziele und Absichten für den Tag auf. Wenn Sie über Ihre Prioritäten nachdenken, können Sie Klarheit und Zweck ergeben.

Körperliche Bewegung:

Morgenübungen: Körperbezogene Aktivität durchführen, um das Energieniveau zu steigern und das allgemeine Wohlbefinden zu verbessern. Dies kann ein Training, ein Yoga oder einen flotten Spaziergang umfassen.

Priorisieren Sie die wichtigsten Aufgaben (MITS):

Aufgabenpriorisierung: Identifizieren und priorisieren Sie die wichtigsten Aufgaben, die Sie während des Tages ausführen müssen. Konzentrieren Sie sich darauf, diese Aufgaben zu erledigen, bevor Sie weniger kritische Aktivitäten angehen.

Lernen und persönliche Entwicklung:

Lesen oder Lernen: Nehmen Sie sich Zeit zum Lesen oder Lernen. Erfolgreiche Personen widmen oft jeden Tag Zeit dem Erwerb neuer Kenntnisse und Fähigkeiten.

Arbeitsblöcke und Pausen:

Zeitsperrung: organisieren Sie Ihren Arbeitstag in fokussierten Zeitblöcken. Zuweisen spezifische Perioden für Aufgaben und stören diese mit kurzen Pausen, um die Produktivität aufrechtzuerhalten.

Gesunde Mahlzeiten und Flüssigkeitszufuhr:

Nahrungsmittelmahlzeiten: Planen und genießen Sie gesunde Mahlzeiten den ganzen Tag über, um anhaltend Energieniveaus zu unterstützen. Bleiben Sie regelmäßig durch Trinkwasser hydratisiert.

Networking und Beziehungsaufbau:

Verbinden Sie sich mit anderen: Nehmen Sie sich Zeit, um sich an Kollegen, Mentoren oder Branchenkontakte zu wenden. Der Aufbau und die Aufrechterhaltung professioneller Beziehungen ist für den Erfolg von entscheidender Bedeutung.

Tägliche Zielüberprüfung:

Überprüfungsziele: Denken Sie über Ihre kurzfristigen und langfristigen Ziele nach. Bewerten Sie den Fortschritt, feiern Sie Erfolge und nehmen Sie die erforderlichen Anpassungen vor, um auf dem richtigen Weg zu bleiben.

Abenddown-Routine:

Digitale Entgiftung: Mindestens eine Stunde vor dem Schlafengehen von Bildschirmen und elektronischen Geräten trennen. Dies fördert eine bessere Schlafqualität.

Dankbarkeitspraxis: Kultivieren Sie ein Gefühl der Dankbarkeit, indem Sie über positive Aspekte des Tages nachdenken. Diese Praxis kann insgesamt das Wohlbefinden verbessern.

Qualitätsschlaf:

Erstellen Sie eine Schlafroutine: Erstellen Sie eine konsistente Schlafenszeitroutine, um Ihrem Körper zu signalisieren, dass es Zeit ist, sich zu entspannen. Streben Sie jede Nacht 7-9 Stunden im Qualitätsschlaf an.

Visualisierung und Affirmationen:

Visualisierung: Verbringen Sie ein paar Minuten damit, Ihre Ziele und Erfolg zu visualisieren. Stellen Sie sich vor, Sie erreichen Ihre Bestrebungen.

Affirmationen: Verwenden Sie positive Affirmationen, um eine selbstbewusste und optimistische Denkweise zu verstärken.

Digitaler Kalender und Planung:

Überprüfen Sie den Zeitplan: Überprüfen Sie Ihren digitalen Kalender und planen Sie den nächsten Tag. Dies hilft Ihnen, den Morgen mit einem klaren Verständnis Ihres Zeitplans zu beginnen.

Abgestufte Relaxationstechniken:

Entspannungstechniken: Entspannungspraktiken wie tiefes Atmen oder fortschreitende Muskelentspannung einbeziehen, um Stress zu bewältigen und die Ruhe zu fördern.

Verbinde dich mit Lieben:

Qualitätszeit: Verbringen Sie Zeit mit Familie oder Freunden. Aufbau und Förderung persönlicher Verbindungen trägt zum allgemeinen Glück und Erfolg bei.

Es ist wichtig zu beachten, dass das, was für eine Person funktioniert, möglicherweise nicht für eine andere funktioniert. Stellen Sie diese Rituale an Ihren Lebensstil und Ihre Vorlieben an. Konsistenz ist der Schlüssel: Die Implementierung dieser Rituale täglich kann im Laufe der Zeit zu einem positiven und erfolgreichen Lebensstil beitragen.

C. Herausforderungen und Rückschläge überwinden

Die Überwindung von Herausforderungen und Rückschlägen ist ein unvermeidlicher Teil des Lebens, und wie Sie darauf reagieren, spielt eine entscheidende Rolle in Ihrer persönlichen und beruflichen Entwicklung. Hier sind Strategien zur effektiven Navigation und Bewältigung von Herausforderungen:

Eine positive Einstellung beibehalten:

Kultivieren Sie eine positive Einstellung, die Herausforderungen als Wachstumschancen betrachtet. Konzentrieren Sie sich anstatt sich auf Rückschläge zu befassen, was Sie aus der Erfahrung lernen können und wie dies zu Ihrer persönlichen Entwicklung beitragen kann.

Eine Wachstumsanzeige annehmen:

Nehmen Sie eine Wachstumsdichtung an, die Herausforderungen als natürlichen Teil des Lernprozesses ansieht. Verstehen Sie, dass Fähigkeiten und Intelligenz durch Anstrengung und Ausdauer entwickelt werden können.

Herausforderungen in kleinere Schritte unterbrechen:

Brechen Sie größere Herausforderungen in kleinere, überschaubare Schritte auf. Dieser Ansatz macht die Aufgabe weniger überwältigend und ermöglicht es Ihnen, sie systematisch anzugehen.

Setzen Sie realistische Erwartungen:

Setzen Sie realistische Erwartungen für sich selbst. Achten Sie auf Ihre Grenzen und erkennen Sie, dass Rückschläge ein normaler Bestandteil jeder Reise sind. Passen Sie gegebenenfalls Ihre Erwartungen an und konzentrieren Sie sich eher auf Fortschritte als auf Perfektion.

Lernen Sie aus Rückschlägen:

Rückschläge als wertvolle Lernerfahrungen anzeigen. Identifizieren Sie die Faktoren, die zur Herausforderung beigetragen haben, und überlegen Sie, wie Sie diese Lektionen auf zukünftige Situationen anwenden können. Kontinuierliches Lernen ist eine Schlüsselkomponente der Belastbarkeit.

Feedback suchen:

Wenden Sie sich an Mentoren, Kollegen oder Freunde, um Feedback und Ratschläge zu erhalten. Externe Perspektiven können Erkenntnisse und alternative Lösungen für die Herausforderungen bieten, mit denen Sie stehen.

Entwickeln Sie Fähigkeiten zur Problemlösung:

Verbessern Sie Ihre Fähigkeiten zur Problemlösung, indem Sie sich die Herausforderungen mit einer systematischen und analytischen Denkweise nähern. Teilen Sie das Problem in seine Komponenten ein, berücksichtigen Sie potenzielle Lösungen und wählen Sie die effektivste Vorgehensweise.

Erstellen Sie ein Unterstützungssystem:

Umgeben Sie sich mit einem unterstützenden Netzwerk von Freunden, Familienmitgliedern, Kollegen oder Mentoren. Menschen zu haben, auf die man sich in anspruchsvollen Zeiten stützen kann, bietet emotionale Unterstützung und unterschiedliche Perspektiven.

Üben Sie Resilienz:

Resilienz ist die Fähigkeit, sich von Widrigkeiten zurückzuziehen. Entwickeln Sie Resilienz, indem Sie Ihre Emotionen anerkennen, einen Sinn für Humor beibehalten und sich auf Lösungen konzentrieren, anstatt sich auf Probleme zu beschäftigen.

Bleiben Sie flexibel und passen Sie sich an:

Seien Sie flexibel in Ihrem Ansatz zu Herausforderungen. Manchmal erfordern unerwartete Ereignisse eine Änderung der Strategie. Anpassungsfähigkeit ist eine wertvolle Fähigkeit bei der Navigation der Unsicherheiten des Lebens.

Feiern Sie kleine Siege:

Feiern Sie auch kleine Siege auf dem Weg. Erkennen und zu schätzen Ihre Fortschritte, egal wie inkrementell, steigert Ihr Selbstvertrauen und Ihre Motivation, weiterzumachen.

Einen gesunden Lebensstil beibehalten:

Priorisieren Sie Ihr körperliches und geistiges Wohlbefinden. Regelmäßige Bewegung, eine ausgewogene Ernährung und ein ausreichender Schlaf tragen zur allgemeinen Widerstandsfähigkeit und zu Ihrer Fähigkeit bei, mit Herausforderungen umzugehen.

Rückschläge als Neuerfindungsmöglichkeiten:

Verwenden Sie Rückschläge als Neuerfindung. Beurteilen Sie, ob es Bereiche in Ihrem Leben oder in Ihrer Arbeit gibt, die verbessert oder verändert werden können. Manchmal führen Herausforderungen zu innovativen Lösungen und neuen Richtungen.

Konzentrieren Sie sich auf das, was Sie kontrollieren können:

Konzentrieren Sie sich auf Aspekte der Situation, die Sie kontrollieren können. Der Versuch, Faktoren über Ihren Einfluss hinaus zu kontrollieren, kann kontraproduktiv sein. Richten Sie Ihre Energie auf umsetzbare Schritte.

Beständig und beharrlich:

Beharrlichkeit ist der Schlüssel, wenn es darum geht, Herausforderungen zu bewältigen. Behalten Sie durch Schwierigkeiten durch, behalten Sie Ihr Engagement für Ihre Ziele auf und denken Sie daran, dass Rückschläge vorübergehend sind.

Denken Sie daran, dass die Überwindung von Herausforderungen eine Fähigkeit ist, die sich mit der Praxis entwickelt. Durch die Annäherung an die Herausforderungen mit einer positiven Denkweise, das Lernen aus Erfahrungen und die Suche nach Unterstützung bei Bedarf können Sie die Rückschläge effektiv navigieren und auf der anderen Seite stärker auftreten.

Vii. Positive Gewohnheiten aufbauen

Positive Gewohnheiten aufzubauen ist ein transformativer Prozess, der konsequente, absichtliche Handlungen beinhaltet, um Aspekte Ihres Lebens zu verbessern. Hier sind einige Schritte, die Ihnen helfen, positive Gewohnheiten zu etablieren und aufrechtzuerhalten:

Klare und spezifische Ziele definieren:

Definieren Sie klar die Ziele, die mit der positiven Gewohnheit verbunden sind, die Sie aufbauen möchten. Machen Sie Ihre Ziele spezifisch, messbar, erreichbar, relevant und zeitlich (intelligent), um eine klare Richtung zu bieten.

Fang klein:

Beginnen Sie mit kleinen, überschaubaren Schritten. Wenn Sie mit bescheidenen Veränderungen beginnen, wird es einfacher, neue Verhaltensweisen in Ihre Routine zu integrieren, wodurch die Wahrscheinlichkeit reduziert wird, sich überfordert zu fühlen.

Erstellen Sie einen Auslöser oder ein Stichwort:

Verbinden Sie Ihre neue Gewohnheit mit einer vorhandenen Routine oder einem bestimmten Hinweis. Dies hilft, die Gewohnheit in einen vertrauten Kontext zu verankern und erleichtert es, das Verhalten auszuführen.

Setzen Sie einen Zeitplan:

Legen Sie einen konsistenten Zeitplan für Ihre Gewohnheit ein. Konsistenz ist der Schlüssel zur Gewohnheitsbildung, und eine bestimmte Zeit, die dem Verhalten gewidmet ist, verstärkt seine Bedeutung.

Verwenden Sie Gewohnheitsstapel:

Kombinieren Sie Ihre neue Gewohnheit mit einem vorhandenen. Dies ist als Gewohnheitsstapel bekannt, bei dem Sie das neue Verhalten mit einer Gewohnheit verknüpfen, die Sie bereits haben. Wenn Sie beispielsweise eine Stretching -Routine festlegen möchten, tun Sie es gleich nach dem Putzen der Zähne am Morgen.

Überwachung der Fortschritte:

Behalten Sie Ihren Fortschritt im Auge. Verwenden Sie eine Zeitschrift, eine App oder eine andere Tracking -Methode, um Ihre Konsistenz zu überwachen und kleine Siege auf dem Weg zu feiern.

Rechenschaftspartner:

Teilen Sie Ihre Ziele mit einem Freund oder Familienmitglied, der als Verantwortlichkeitspartner fungieren kann. Wenn Sie jemanden haben, der Sie unterstützt und ermutigt, erhöht sich die Wahrscheinlichkeit, sich an Ihre positiven Gewohnheiten zu halten.

Visuelle Erinnerungen:

Erstellen Sie visuelle Erinnerungen in Ihrer Umgebung. Postnotizen, verwenden Sie Haftpads oder stellen Sie digitale Erinnerungen ein, um Ihre Gewohnheit im Kopf zu behalten.

Meilensteine feiern:

Feiern Sie Meilensteine und Erfolge. Das Erkennen Ihres Fortschritts, ob groß oder klein, verstärkt das positive Verhalten und motiviert Sie, fortzufahren.

Bleib konsequent:

Konsistenz ist entscheidend für die Gewohnheitsbildung. Sogar an Tagen, an denen es schwierig ist, bemühen Sie sich, die Gewohnheit aufrechtzuerhalten. Konsistenz verfolgt das Verhalten als routinemäßiger Bestandteil Ihres Lebens.
Sich an Herausforderungen anpassen:

Erwarten Sie Herausforderungen und seien Sie bereit, sich anzupassen. Das Leben ist dynamisch und es können Hindernisse entstehen. Entwickeln Sie Strategien zum Navigieren Sie Rückschläge und passen Sie Ihren Ansatz nach Bedarf an.

Vergnügen einbeziehen:

Machen Sie Ihre Gewohnheit angenehm. Finden Sie Wege, um positives Verhalten angenehmer oder lohnender zu gestalten. Wenn Sie Freude mit der Gewohnheit in Verbindung bringen, bleiben Sie eher dabei.

Reflektieren und einstellen:

Bewerten Sie regelmäßig Ihre Gewohnheit und ihre Auswirkungen auf Ihr Leben. Denken Sie darüber nach, ob das Verhalten Ihren Zielen und Werten übereinstimmt. Wenn Anpassungen erforderlich sind, seien Sie bereit, Ihren Ansatz zu ändern.

Bauen Sie eine gewohnheitsbildende Umgebung auf:

Gestalten Sie Ihre Umgebung, um Ihre positive Gewohnheit zu unterstützen. Erstellen Sie einen Raum, der das Verhalten einfacher macht und Hindernisse minimiert.

Geduld und Ausdauer:

Die Gebäudegewohnheiten braucht Zeit. Seien Sie geduldig mit sich selbst und bleiben Sie dem Prozess verpflichtet. Durch Herausforderungen durchhalten und verstehen, dass es eine Reise ist, positive Gewohnheiten zu bilden.

Denken Sie daran, dass es ein schrittweise Prozess ist, positive Gewohnheiten zu erstellen, und Rückschläge sind normal. Konsequente Anstrengung, Geduld und eine positive Einstellung tragen zum langfristigen Erfolg bei der Gewohnheitsbildung bei.

A. Identifizierung von Zielgewohnheiten für den Erfolg

Durch die Identifizierung von Zielgewohnheiten für den Erfolg werden bestimmte Verhaltensweisen oder Aktionen ausgewählt, die bei konsequent praktiziertem Üben zu Ihren persönlichen und beruflichen Zielen beitragen. Hier sind einige Schritte, mit denen Sie Zielgewohnheiten für den Erfolg identifizieren können:

Klären Sie Ihre Ziele:

Beginnen Sie damit, Ihre kurzfristigen und langfristigen Ziele zu klären. Ihre Gewohnheiten sollten diesen Zielen übereinstimmen. Definieren Sie deutlich, wie der Erfolg in verschiedenen Bereichen Ihres Lebens für Sie aussieht, wie Karriere, Gesundheit, Beziehungen und persönliche Entwicklung.

Ziele priorisieren:

Priorisieren Sie Ihre Ziele anhand ihrer Bedeutung und Auswirkungen. Identifizieren Sie die Ziele, die beim Erreichen den positivsten Einfluss auf Ihren Gesamterfolg und Ihr Wohlbefinden haben würden.

Tore in Gewohnheiten zerlegen:

Zeugen Sie jedes Ziel in kleinere, umsetzbare Gewohnheiten auf. Berücksichtigen Sie die spezifischen Verhaltensweisen oder Handlungen, die bei konsequent praktiziert werden, um das größere Ziel zu erreichen.

Betrachten Sie Keystone -Gewohnheiten:

Keystone -Gewohnheiten sind leistungsstarke Verhaltensweisen, die zur Entwicklung anderer positiver Gewohnheiten führen können. Identifizieren Sie Keystone -Gewohnheiten, die, wenn sie festgelegt sind, einen positiven Welleneffekt auf andere Aspekte Ihres Lebens haben können.

Bewerten Sie die aktuellen Gewohnheiten:

Bewerten Sie Ihre aktuellen Gewohnheiten und Verhaltensweisen. Identifizieren Sie Gewohnheiten, die Ihre Ziele unterstützen, und diejenigen, die Ihren Fortschritt möglicherweise behindern. Die Bewertung Ihrer vorhandenen Gewohnheiten bietet Einblicke in Bereiche, in denen Anpassungen erforderlich sind.

Konzentrieren Sie sich auf hochwirksame Gewohnheiten:

Identifizieren Sie die Gewohnheiten mit hoher Auswirkung auf Ihren Erfolg. Dies sind Verhaltensweisen, die, wenn sie konsequent praktiziert werden, signifikante Ergebnisse erzielen. Priorisieren Sie diese hochwirksamen Gewohnheiten in Ihrem täglichen Routine.

Betrachten Sie die Gewohnheitsschleife:

Verstehe die Gewohnheitsschleife, die aus einem Hinweis, einer Routine und Belohnung besteht. Identifizieren Sie Hinweise, die vorhandene Gewohnheiten auslösen, und überlegen Sie, wie Sie eine positive Gewohnheitsschleife für Ihre Zielgewohnheiten erstellen können.

Ausrichten auf die Grundwerte:

Stellen Sie sicher, dass Ihre Zielgewohnheiten Ihren Grundwerten übereinstimmen. Gewohnheiten, die Ihre Werte in Anspruch nehmen, sind langfristig wahrscheinlicher und nachhaltig.

Konzentrieren Sie sich auf Verhalten, nicht auf das Ergebnis:

Verschieben Sie Ihren Fokus von ergebnisbasierten Zielen auf verhaltensbasierte Ziele. Konzentrieren Sie sich auf die spezifischen Aktionen, die Sie täglich und nicht nur auf das Endergebnis ergreifen müssen. Konsequente positive Verhaltensweisen führen zu erfolgreichen Ergebnissen.

Betrachten Sie Gesundheit und Wohlbefinden:

Fügen Sie Gewohnheiten hinzu, die Ihre körperliche und psychische Gesundheit priorisieren. Eine Grundlage des Wohlbefindens verbessert Ihre allgemeine Fähigkeit, in anderen Bereichen Ihres Lebens erfolgreich zu sein.

Berücksichtigung des Work-Life-Saldos:

Streben Sie nach einem Gleichgewicht in Ihren Gewohnheiten. Betrachten Sie Gewohnheiten, die sowohl in Ihrem beruflichen als auch in Ihrem persönlichen Leben zum Erfolg beitragen. Das Gleichgewicht ist für einen anhaltenden Erfolg und das Wohlbefinden von wesentlicher Bedeutung.

Denken Sie langfristig nach:

Betrachten Sie die langfristige Nachhaltigkeit Ihrer Gewohnheiten. Wählen Sie Verhaltensweisen, die Sie über einen längeren Zeitraum realistisch aufrechterhalten können. Vermeiden Sie Gewohnheiten, die zu Burnout führen können oder nicht auf Ihren Lebensstil ausgerichtet sind.

Suchen Sie in Eingaben von anderen:

Suchen Sie Input von Mentoren, Kollegen oder Freunden. Andere bieten möglicherweise wertvolle Perspektiven auf Gewohnheiten, die für sie wirksam waren oder Einblicke in Bereiche geben, in denen Sie sich verbessern können.

Flexibel und adaptiv sein:

Seien Sie offen für die Anpassung Ihrer Gewohnheiten basierend auf sich ändernden Umständen oder Feedback. Flexibilität und Anpassungsfähigkeit sind wichtige Qualitäten für die erfolgreiche Gewohnheitsbildung.

Verpflichten Sie sich auf kontinuierliche Verbesserungen:

Eine Denkweise der kontinuierlichen Verbesserung einnehmen. Bewerten Sie Ihre Gewohnheiten regelmäßig anhand Ihrer sich entwickelnden Ziele und Prioritäten.

Das Erkennen von Zielgewohnheiten für den Erfolg erfordert nachdenkliche Überlegungen und einen strategischen Ansatz. Indem Sie Ihre Gewohnheiten auf Ihre Ziele, Werte und Wohlbefinden ausrichten, können Sie eine Grundlage für anhaltenden Erfolg und persönliches Wachstum schaffen.

B. schrittweise Fortschritte und kleine Siege

Ein allmählicher Fortschritt und das Feiern kleiner Siege sind wesentliche Bestandteile für den Aufbau positiver Gewohnheiten und das Erreichen langfristiger Erfolg. Hier ist, warum diese Konzepte von entscheidender Bedeutung sind und wie Sie sie in Ihre Reise einbeziehen können:

Die schrittweise Fortschritte führen zu nachhaltigem Wandel:

Die allmähliche Progression beinhaltet im Laufe der Zeit kleine, inkrementelle Veränderungen. Dieser Ansatz ist nachhaltiger und ermöglicht es Ihnen, Gewohnheiten aufzubauen, ohne sich überfordert zu fühlen.

Verhaltensanpassung:

Ihr Gehirn passt eher an allmähliche Veränderungen an. Durch die langsame Einführung neuer Verhaltensweisen geben Sie Ihrem Gehirn Zeit zum Anpassen und erleichtern es, diese Verhaltensweisen in Ihre Routine zu integrieren.

Überwachung vermeiden:

Drastische Änderungen kann zu Überwältigung und Burnout führen. Die allmähliche Fortschritte minimieren Stress und ermöglicht es Ihnen, sich in einem Tempo, das zu Ihrem Lebensstil passt, an neue Gewohnheiten anzupassen.

Vertrauen aufbauen:

Das Erreichen kleiner Meilensteine durch schrittweise Fortschritte schafft Vertrauen. Der Erfolg in kleinen Schritten verstärkt die Überzeugung, dass Sie positive Veränderungen vornehmen und Ihre Motivation steigern können.

Schrittweise Verbesserung:

Im Laufe der Zeit werden kleine Veränderungen zusammengesetzt, um eine signifikante Verbesserung zu erzielen. Der kumulative Effekt eines konsistenten, inkrementellen Fortschritts führt zu erheblichen positiven Ergebnissen.

Kleine Siege steigert die Motivation:

Das Feiern kleiner Siege bietet eine sofortige positive Verstärkung. Dieses Erfolgsgefühl steigert Ihre Motivation und ermutigt Sie, weiter auf Ihre Ziele hinzugehen.

Fördert eine positive Einstellung:

Die Anerkennung und Feiern kleiner Siege fördert eine positive Einstellung. Es verschiebt Ihren Fokus von dem, was Sie nicht erreicht haben, was Sie erreicht haben, und schafft einen optimistischeren Ausblick.

Baut Dynamik auf:

Kleine Siege erzeugen Schwung. Das Erreichen von Erfolg, selbst bei geringfügigen Aufgaben, macht Sie vorwärts und erleichtert es, herausfordernde Ziele zu erreichen.

Etabliert eine Gewohnheitsschleife:

Das Feiern kleiner Siege bildet eine Gewohnheitsschleife. Die Belohnung und die positive Verstärkung, die mit der Erfüllung einer Aufgabe verbunden ist, stärkt die Gewohnheitsschleife und macht es wahrscheinlicher, dass Sie das Verhalten wiederholen.
Reduziert den Aufschub:

Die Aufteilung größerer Ziele in kleinere, überschaubare Aufgaben mit entsprechenden kleinen Siegen verringert die Wahrscheinlichkeit eines Aufschubs. Das Erfolgsgefühl motiviert Sie, weiterzumachen.

Bietet Feedback:

Kleine Siege bieten wertvolles Feedback zu Ihren Fortschritten. Sie helfen Ihnen, zu beurteilen, was gut funktioniert, was angepasst werden muss und wie Sie Ihren Ansatz in Zukunft verfeinern können.

Erhöht die Belastbarkeit:

Wenn Sie regelmäßig kleine Siege feiern, trägt er zu Ihrer Widerstandsfähigkeit bei. Es verstärkt Ihre Fähigkeit, Herausforderungen und Rückschläge zu bewältigen, und erleichtert es, von Schwierigkeiten zurückzuführen.

Verbessert den Genuss des Prozesses:

Das Feiern kleiner Siege macht die Reise angenehm. Es verleiht dem Aufbau von Gewohnheiten ein Gefühl von Spaß und Leistung, wodurch Sie eher bei Ihren positiven Verhaltensweisen bleiben.

Einbeziehung allmählicher Fortschritte und kleinen Siege:

Setzen Sie realistische Ziele:

Definieren Sie realistische, erreichbare Ziele, die in kleinere Aufgaben unterteilt werden können. Dies schafft die Voraussetzungen für den schrittweisen Fortschritt.

Aufgaben abbauen:

Bream größere Ziele in überschaubare Schritte auf. Konzentrieren Sie sich darauf, jeden Schritt zu vervollständigen, bevor Sie zum nächsten übergehen, und feiern Sie kleine Siege auf dem Weg.

Meilensteine festlegen:

Identifizieren Sie Meilensteine, die Ihren Fortschritt markieren. Diese können wöchentlich, monatlich oder auf bestimmten Errungenschaften basieren. Feiern Sie jeden Meilenstein, um Ihren Erfolg anzuerkennen.

Erstellen Sie ein Belohnungssystem:

Entwickeln Sie ein Belohnungssystem für sich. Gönnen Sie sich etwas Erfreuliches oder erkennen Sie Ihre Leistungen auf sinnvolle Weise an, wenn Sie einen kleinen Sieg erreichen.

Halten Sie ein Fortschrittsjournal:

Behalten Sie ein Fortschrittsjournal bei, um Ihre Reise zu dokumentieren. Nehmen Sie Ihre kleinen Siege auf und denken Sie darüber nach, wie sie zu Ihren Gesamtzielen beitragen.

Erfolge teilen:

Teilen Sie Ihre Erfolge mit anderen. Das Feiern kleiner Siege mit Freunden, Familie oder Kollegen fügt eine soziale Komponente hinzu, die die positive Verstärkung verbessert.

Anpassen und anpassen:

Seien Sie flexibel in Ihrem Ansatz. Wenn Sie vor Herausforderungen stoßen, passen Sie Ihre Strategie an und feiern Sie Ihre Fähigkeit, sich anzupassen und Lösungen zu finden.

Denken Sie daran, die Reise zum Erfolg ist eine Reihe kleiner Schritte. Nehmen Sie allmähliche Fortschritte an, feiern Sie Ihre kleinen Siege und genießen Sie den Prozess, positive Gewohnheiten aufzubauen, die zu langfristigem Erfolg führen.

C. Verfolgung und Messung des Fortschritts

Die Verfolgung und Messung des Fortschritts ist ein entscheidender Aspekt der persönlichen und beruflichen Entwicklung. Es bietet Einblicke in Ihre Erfolge, hilft Ihnen, motiviert zu bleiben und Anpassungen an Ihren Strategien zu ermöglichen. Hier sind einige effektive Möglichkeiten, den Fortschritt zu verfolgen und zu messen:

1. Stellen Sie klare und messbare Ziele fest:

Beginnen Sie damit, klare, spezifische und messbare Ziele festzulegen. Definieren Sie, wie der Erfolg für jedes Ziel aussieht, einschließlich spezifischer Metriken, die verfolgt werden können.

2. Verwenden Sie intelligente Kriterien:

Stellen Sie sicher, dass Ihre Ziele intelligent sind: spezifisch, messbar, erreichbar, relevant und zeitlich. Dieser Rahmen bietet einen strukturierten Ansatz für die Zielsetzung und Messung.

3. Tore in Meilensteine zerlegen:

Größere Ziele in kleinere, erreichbare Meilensteine unterteilen. Die Verfolgung des Fortschritts wird besser überschaubar, wenn Sie sich auf die Erfüllung kleinerer Aufgaben konzentrieren, die zum Gesamtziel beitragen.

4. Erstellen Sie einen Fortschrittsplan:

Entwickeln Sie einen detaillierten Plan, in dem Sie die Schritte beschreiben, die Sie ausführen müssen, um Ihre Ziele zu erreichen. Dieser Plan dient als Roadmap, leitet Ihre Bemühungen und bildet eine Grundlage für die Verfolgung von Fortschritten.

5. Verwenden Sie Leistungsmetriken:

Identifizieren Sie wichtige Leistungsindikatoren (KPIs) oder Metriken, die für Ihre Ziele relevant sind. Dies können quantitative Daten wie Verkaufszahlen, Projektabschlussraten oder persönliche Errungenschaften umfassen.

6. Basismessungen festlegen:

Bestimmen Sie die Basismessungen, um Ihren Ausgangspunkt zu verstehen. Dies liefert eine Referenz für den Vergleich des Fortschritts und zum Messen der Auswirkungen Ihrer Bemühungen im Laufe der Zeit.

7. regelmäßig überprüfen und reflektieren:

Planen Sie regelmäßige Bewertungen, um über Ihre Fortschritte nachzudenken. Beurteilen Sie, was erreicht wurde, welche Herausforderungen Sie begegnet sind und wie Sie Ihren Ansatz für bessere Ergebnisse anpassen können.

8. Halten Sie ein Fortschrittsjournal:

Behalten Sie ein Fortschrittsjournal oder ein Protokoll bei. Das Dokumentieren Ihrer Errungenschaften, Herausforderungen und Erkenntnisse bietet eine konkrete Aufzeichnung Ihrer Reise und bietet wertvolle Erkenntnisse.

9. Verwenden Sie Visualisierungstechniken:

Visualisieren Sie Ihren Fortschritt mithilfe von Diagrammen, Grafiken oder anderen visuellen Darstellungen. Dies kann ein leistungsstarkes Motivationsinstrument sein und hilft Ihnen, Trends oder Muster in Ihrer Entwicklung zu erkennen.

10. Verfolgen Sie die täglichen oder wöchentlichen Gewohnheiten:

Wenn Ihre Ziele die Entwicklung positiver Gewohnheiten beinhalten, verfolgen Sie Ihre tägliche oder wöchentliche Leistung. Verwenden Sie Apps, Zeitschriften oder Kalender, um die Konsistenz zu überwachen.

11. Feedback suchen:

Bieten Sie Feedback von Mentoren, Kollegen oder Gleichaltrigen. Externe Perspektiven können wertvolle Erkenntnisse und zusätzliche Möglichkeiten zur Messung Ihres Fortschritts liefern.

12. Feiern Sie kleine Siege:

Erkennen und feiern Sie kleine Siege auf dem Weg. Das Erkennen von Errungenschaften, egal wie geringfügig, verstärkt das positive Verhalten und stärkt die Motivation.

13. Verwenden Sie Technologie und Apps:

Nutzen Sie Technologie und Apps für die Verfolgung des Fortschritts. Es stehen verschiedene Tools zur Verfügung, um sich für die Zieleinstellung, die Verfolgung von Gewohnheiten und die Leistungsmessung zu engagieren.

14. Aktualisieren Sie regelmäßig Aktionspläne:

Überprüfen und aktualisieren Sie Ihre Aktionspläne nach Bedarf. Wenn sich die Umstände ändern, müssen Sie möglicherweise Ihre Strategien anpassen, um auf dem Laufenden zu bleiben.

15. Anpassungsfähig bleiben:

Seien Sie in Ihrem Ansatz anpassbar. Wenn bestimmte Methoden nicht die erwarteten Ergebnisse ergeben, seien Sie bereit, Änderungen vorzunehmen und mit neuen Strategien zu experimentieren.

16. Meilensteine feiern:

Richten Sie Meilensteine in Ihrer Zeitleiste ein und feiern Sie sie. Dies könnten erhebliche Erfolge sein, die den Fortschritt markieren und Sie motivieren lassen.

17. Verwenden Sie einen ausgewogenen Scorecard -Ansatz:

Für umfassendere Verfolgung sollten Sie einen ausgewogenen Scorecard -Ansatz verwenden, der finanzielle, Kunden-, interne Prozess- und Lern-/Wachstumsperspektiven einbezieht.

18. Benchmark gegen Ziele:

Vergleichen Sie Ihren tatsächlichen Fortschritt regelmäßig mit den von Ihnen festgelegten Zielen. Mit diesem Benchmarking können Sie beurteilen, ob Sie auf dem richtigen Weg sind oder Anpassungen vornehmen müssen.

19. Bleiben Sie zur Rechenschaft:

Rechenschaftspflichtmechanismen festlegen. Teilen Sie Ihre Ziele und Fortschritte mit anderen, die Unterstützung, Ermutigung und konstruktives Feedback bieten können.

20. regelmäßige Überprüfungen und Bewertungen:

Führen Sie regelmäßige Überprüfungen und Bewertungen Ihres Gesamtfortschritts durch. Dies könnte vierteljährliche oder jährliche Überlegungen beinhalten, um Ihre Erfolge zu bewerten und neue Ziele zu setzen.

Durch das Nachverfolgen und Messen von Fortschritten werden Sie nicht nur fokussiert, sondern liefert auch wertvolle Informationen für kontinuierliche Verbesserungen. Es ermöglicht Ihnen, Erfolge zu feiern, aus Herausforderungen zu lernen und fundierte Entscheidungen zu treffen, um Ihren Weg zum Erfolg zu optimieren.

Viii. Negative Gewohnheiten brechen

Das Brechen negativer Gewohnheiten kann eine Herausforderung
sein, aber mit Engagement, Bewusstsein und strategischen
Ansätzen ist es möglich, sie durch positive Verhaltensweisen zu
ersetzen. Hier sind einige Schritte, die Ihnen helfen, negative
Gewohnheiten zu brechen:

1. Identifizieren Sie die negative Angewohnheit:

Identifizieren Sie klar die spezifische negative Angewohnheit, die
Sie brechen möchten. Bewusstsein ist der erste Schritt, um
sinnvolle Veränderungen vorzunehmen.

2. Verstehen Sie Auslöser und Hinweise:

Analysieren Sie die Auslöser oder Hinweise, die die negative
Gewohnheit veranlassen. Identifizieren Sie die Situationen,
Emotionen oder Umgebungen, die zu dem Verhalten führen, das
Sie ändern möchten.

3. Bewerten Sie das Belohnungssystem:

Untersuchen Sie das Belohnungssystem, das mit der negativen
Gewohnheit verbunden ist. Verstehen Sie, welche Zufriedenheit
oder Nutzen die Gewohnheit bietet, da diese Einsicht bei der
Suche nach gesünderen Alternativen entscheidend sein wird.

4. Stellen Sie klare und spezifische Ziele fest:

Stellen Sie klare und spezifische Ziele für die Negativgewohnheit
fest. Definieren Sie, wie der Erfolg aussieht, und setzen Sie
erreichbare Meilensteine auf dem Weg.

5. Ersetzen Sie durch positive Alternativen:

Identifizieren Sie positive Verhaltensweisen, die negative Gewohnheiten ersetzen können. Konzentrieren Sie sich auf Maßnahmen, die das gleiche Bedürfnis erfüllen, oder bieten eine ähnliche Belohnung auf gesündere Weise.

6. SCHNILL:

Beginnen Sie mit kleinen, überschaubaren Änderungen. Der allmähliche Fortschritt ist oft nachhaltiger und hilft Ihnen, sich überfordert zu fühlen.

7. Verwenden Sie den Cue-Routine-Ertragszyklus:

Wenden Sie das Gewohnheitsschleifenmodell an, das aus einem Hinweis, einer Routine und Belohnung besteht. Identifizieren Sie den Cue, der die negative Gewohnheit auslöst, die Routine durch ein positives Verhalten ersetzen und die gleiche oder eine ähnliche Belohnung beibehalten.

8. Erstellen Sie ein Unterstützungssystem:

Teilen Sie Ihr Ziel mit einem Freund, einem Familienmitglied oder einem Mentor. Ein Unterstützungssystem kann Ermutigung, Rechenschaftspflicht und konstruktives Feedback bieten.

9. Verwenden Sie Visualisierungstechniken:

Visualisieren Sie sich vor, die negative Gewohnheit zu brechen und positive Verhaltensweisen zu betreiben. Visualisierung kann die Motivation verbessern und die Überzeugung, dass Veränderungen möglich sind, verstärken.

10. Erstellen Sie eine Routine:

Erstellen Sie eine neue Routine, die ein positives Verhalten unterstützt. Konsistenz ist der Schlüssel. Machen Sie also die neue Routine zu einem regelmäßigen Teil Ihres täglichen Lebens.

11. Entfernen Sie Trigger und Versuchungen:

Minimieren Sie die Exposition gegenüber Triggern und Versuchungen, die zu negativen Gewohnheiten führen. Ändern Sie Ihre Umgebung, um das positive Verhalten zu fördern.

12. Achtsamkeit üben:

Kultivieren Sie Achtsamkeit, um das Bewusstsein für Ihre Gedanken und Handlungen zu schärfen. Achtsamkeit kann Ihnen helfen, automatische Antworten zu unterbrechen und absichtliche Entscheidungen zu treffen.

13. Verfolgen Sie Ihren Fortschritt:

Halten Sie Ihre Bemühungen und Fortschritte auf. Das Verfolgen Ihrer Reise bietet eine konkrete Möglichkeit, den Erfolg zu messen und Verbesserungsbereiche zu identifizieren.

14. Feiern Sie kleine Siege:

Bestätigen Sie und feiern Sie jeden kleinen Sieg. Das Feiern des Fortschritts verstärkt das positive Verhalten und motiviert Sie, fortzufahren.

15. Suchen Sie bei Bedarf professionelle Hilfe:

Wenn sich eine negative Angewohnheit als schwierig erweist, erwägen Sie, professionelle Hilfe zu suchen. Ein Therapeut oder

Berater kann Anleitung und Unterstützung leisten.

16. Lernen Sie aus Rückschlägen:

Verstehen Sie, dass Rückschläge ein natürlicher Bestandteil des Prozesses sind. Anstatt sie als Misserfolge anzusehen, betrachten Sie sie als Möglichkeiten, Ihren Ansatz zu lernen und zu verfeinern.

17. Bewältigungsstrategien entwickeln:

Identifizieren Sie gesunde Bewältigungsstrategien für den Umgang mit Stress, Langeweile oder anderen Emotionen, die negative Gewohnheiten auslösen können. Es ist entscheidend, alternative Methoden zur Behandlung von Emotionen zu haben.

18. Seien Sie geduldig und hartnäckig:

Das Brechen von Gewohnheiten braucht Zeit und Beharrlichkeit. Seien Sie geduldig mit sich selbst, bleiben Sie dem Prozess verpflichtet und erkennen Sie, dass Veränderungen eine schrittweise Reise sind.

19. Ziele neu bewerten und anpassen:

Bewerten Sie regelmäßig Ihre Ziele und passen Sie sie bei Bedarf an. Wenn Sie Fortschritte machen, können Sie neue Erkenntnisse entdecken, die Änderungen Ihres Ansatzes fordern.

20. Bauen Sie eine positive Einstellung auf:

Kultivieren Sie eine positive Einstellung, indem Sie sich auf die Vorteile von negativen Gewohnheiten konzentrieren. Nehmen Sie einen Glauben an Ihre Fähigkeit, sich zu verändern und zu wachsen.

Das Brechen negativer Gewohnheiten erfordert
Selbstbewusstsein, Engagement und Bereitschaft, alte
Verhaltensweisen durch gesündere Alternativen zu ersetzen.
Durch einen proaktiven und strategischen Ansatz können Sie
negative Gewohnheiten erfolgreich überwinden und positive
Veränderungen in Ihrem Leben fördern.

A. schädliche Gewohnheiten erkennen

Das Erkennen schädlicher Gewohnheiten ist ein entscheidender
Schritt, um positive Veränderungen in Ihrem Leben vorzunehmen.
Wenn Sie diese Gewohnheiten identifizieren, können Sie sie
angehen und auf gesündere Alternativen hinarbeiten. Hier sind
einige Strategien, mit denen Sie schädliche Gewohnheiten
erkennen können:

1. Selbstreflexion:

Zeit für die Selbstreflexion nehmen. Betrachten Sie Ihre täglichen
Routinen, Verhaltensweisen und Reaktionen auf verschiedene
Situationen. Identifizieren Sie Muster, die zu negativen
Ergebnissen beitragen können.

2. Seien Sie offen für Feedback:

Suchen Sie nach Feedback von vertrauenswürdigen Freunden,
Familienmitgliedern oder Kollegen. Andere mögen wertvolle
Perspektiven auf Gewohnheiten bieten, die möglicherweise
schädlich sind, aber für Sie möglicherweise nicht sofort erkennbar
sind.

3. Journaling:

Behalten Sie ein Tagebuch, um Ihre Gedanken, Gefühle und
Handlungen aufzuzeichnen. Wenn Sie regelmäßig Ihr Journal

überprüfen, können Sie wiederkehrende Themen und Verhaltensweisen identifizieren, die möglicherweise schädlich sein.

4. Beobachten Sie emotionale Muster:

Achten Sie auf Ihre emotionalen Reaktionen in verschiedenen Situationen. Schädliche Gewohnheiten sind oft mit emotionalen Auslösern verbunden. Identifizieren Sie Fälle, in denen Sie negativ reagieren oder sich auf Verhaltensweisen einlassen, die sich möglicherweise für Ihr Wohlbefinden schädigen.

5. Erhaben Sie sich:

Erfahren Sie mehr über gemeinsame schädliche Gewohnheiten und ihre Folgen. Das Verständnis der potenziellen negativen Auswirkungen bestimmter Verhaltensweisen kann Sie ihrer Anwesenheit in Ihrem Leben bewusster machen.

6. Bewerten Sie die körperliche Gesundheit:

Bewerten Sie Ihre körperliche Gesundheit und Ihren Lebensstil. Schädliche Gewohnheiten können sich auf verschiedene Weise manifestieren, wie z. B. schlechte Ernährung, mangelnde Bewegung oder unzureichender Schlaf. Erkennen Sie Muster, die Ihre Gesundheit beeinträchtigen können.

7. Überlegen Sie die Auswirkungen auf Beziehungen:

Bewerten Sie, wie sich Ihre Gewohnheiten auf Ihre Beziehungen auswirken. Schädliche Gewohnheiten können persönliche und berufliche Verbindungen belasten. Denken Sie darüber nach, ob bestimmte Verhaltensweisen Spannungen verursachen oder die Ihre Umgebung negativ beeinflussen.

8. Identifizieren Sie Aufschubmuster:

Erkennen Sie Mustern von Aufschub oder Vermeidung. Diese Gewohnheiten können das persönliche und berufliche Wachstum behindern. Wenn Sie Bereiche identifizieren, in denen Sie dazu neigen, aufzuschöpfen, können Sie die zugrunde liegenden Probleme angehen.

9. Überwachen Sie den Substanzgebrauch:

Achten Sie auf Ihre Beziehung zu Substanzen wie Alkohol, Nikotin oder anderen Drogen. Übermäßiger oder ungesunder Konsum kann eine schädliche Angewohnheit sein, die sich negativ auf die körperliche und psychische Gesundheit auswirkt.

10. Zeitmanagement bewerten:

Beurteilen Sie, wie Sie Ihre Zeit verwalten. Schädliche Gewohnheiten können sich als chronische Verspätung, schlechte Zeitallokation oder mangelnde Priorisierung manifestieren. Erkennen Sie Muster, die zu Ineffizienz und Stress beitragen.

11. Betrachten Sie digitale Gewohnheiten:

Untersuchen Sie Ihre digitalen Gewohnheiten, einschließlich Bildschirmzeit, soziale Medien und Online -Verhaltensweisen. Ungesunde digitale Gewohnheiten können sich auf das geistige Wohlbefinden und die Produktivität auswirken.

12. Finanzverhalten bewerten:

Bewerten Sie Ihre finanziellen Gewohnheiten. Über Ausgaben, Impulskauf oder chronisches finanzielles Missmanagement können auf lange Sicht schädlich sein. Erkennen Sie Muster, die möglicherweise zu finanzieller Belastung beitragen.

13. Perfektionismus untersuchen:

Über perfekte Tendenzen nachdenken. Das Streben nach
Exzellenz ist positiv, aber Perfektionismus, der zu chronischem
Stress, Angst vor Versagen oder Aufschub führt, kann schädlich
sein.

14. Beachten Sie negatives Selbstgespräch:

Achten Sie auf Ihr Selbstgespräch. Negatives Selbstgespräch kann
eine schädliche Gewohnheit sein, die das Selbstwertgefühl und
das geistige Wohlbefinden beeinflusst. Identifizieren und fordern
Sie negative Gedankenmuster heraus und fordern Sie ihn heraus.

15. Bewertung des sozialen Vergleichs:

Untersuchen Sie die Tendenzen, sich mit anderen zu vergleichen.
Der ständige Vergleich mit anderen kann zu Unzulänglichkeiten
und geringem Selbstwertgefühl führen.

16. Schlafmuster bewerten:

Bewerten Sie Ihre Schlafmuster. Unzureichender oder
unregelmäßiger Schlaf kann zu verschiedenen gesundheitlichen
Problemen beitragen. Erkennen Sie Gewohnheiten, die sich
möglicherweise negativ auf Ihre Schlafqualität auswirken.

17. Überbeamte erkennen:

Beachten Sie, ob Sie die Angewohnheit haben, sich selbst zu
überbekommen. Wenn Sie ständig mehr annehmen, als Sie
behandeln können, kann dies zu Burnout und Stress führen.

18. Betrachten Sie den Workaholismus:

Untersuchen Sie Ihre Beziehung zur Arbeit. Workaholic-Tendenzen können sich negativ auf Ihr Gleichgewicht zwischen Arbeit und Leben auswirken und zu Stress und potenziellen Gesundheitsproblemen führen.

19. Über soziale Isolation nachdenken:

Nachdenken über Gewohnheiten im Zusammenhang mit der sozialen Isolation. Das Isolieren von sozialen Verbindungen kann negative Auswirkungen auf das geistige und emotionale Wohlbefinden haben.

20. Beachten Sie das Verhalten des Eskapismus:

Erkennen Sie Gewohnheiten des Eskapismus. Die Verwendung von Ablenkungen oder Substanzen, um Problemen oder Emotionen zu entkommen, kann ein schädlicher Bewältigungsmechanismus sein.

Das Erkennen von schädlichen Gewohnheiten erfordert Selbstbewusstsein, Ehrlichkeit und die Bereitschaft, Bereichen Ihres Lebens zu konfrontieren, die möglicherweise verbessert werden müssen. Wenn Sie diese Gewohnheiten identifizieren, können Sie proaktive Schritte unternehmen, um positive Veränderungen vorzunehmen und einen gesünderen Lebensstil zu fördern.

B. Strategien zur Überwindung des Widerstands gegen Veränderungen

Die Überwindung des Widerstandes gegen Veränderungen ist eine häufige Herausforderung in der persönlichen und organisatorischen Entwicklung. Menschen fühlen sich oft mit dem Vertrauten wohl, und Veränderungen können Unsicherheit und Angst hervorrufen. Hier sind einige Strategien, um den Widerstand gegen Veränderungen zu überwinden:

1. Offen und transparent kommunizieren:

Stellen Sie eine klare, offene und transparente Kommunikation über die Gründe für die Änderung an. Bedenken, teilen Sie die Vorteile und skizzieren Sie die erwarteten Auswirkungen. Wenn Menschen die Gründe für die Veränderung verstehen, ist es wahrscheinlicher, dass sie unterstützend sind.

2. Verwenden Sie die Stakeholder in den Veränderungsprozess:

Fügen Sie wichtige Stakeholder in den Entscheidungsprozess ein. Wenn Einzelpersonen eine Stimme in der Veränderung haben, ist es wahrscheinlicher, dass sie ein Gefühl der Eigentümerschaft verspüren und in ihren Erfolg investiert werden.

3. Erstellen Sie eine überzeugende Vision:

Malen Sie ein überzeugendes Bild des zukünftigen Zustands, den die Änderung erreichen soll. Helfen Sie Einzelpersonen, die positiven Ergebnisse und Vorteile zu erkennen und ein Gefühl für Zweck und Motivation zu fördern.

4. Bedenken Sie Bedenken und Ängste:

Bedenken und Ängste offen und befürchten offen. Schaffen Sie einen sicheren Raum für Einzelpersonen, um ihre Befürchtungen auszudrücken und Beruhigung oder Lösungen zu bieten, um ihre Sorgen zu mildern.

5. Bieten Sie angemessene Schulungen und Ressourcen an:

Stellen Sie sicher, dass Einzelpersonen über die notwendigen Schulungen und Ressourcen verfügen, um sich erfolgreich an den Wandel anzupassen. Das Vertrauen in ihre Fähigkeit, durch die neue Situation zu navigieren, verringert den Widerstand.

6. Feiern Sie kleine Siege:

Erkennen und feiern Sie kleine Siege auf dem Weg. Die Anerkennung des Fortschritts verstärkt das positive Verhalten und baut im Dynamik, um größere Veränderungen zu akzeptieren.

7. Erleichtern Sie den offenen Dialog:

Ermutigen Sie den offenen Dialog und Feedback. Erstellen Sie Foren für Einzelpersonen, um ihre Gedanken, Bedenken und Ideen auszudrücken. Aktiv auf ihre Perspektiven zu hören, fördert ein Gefühl der Inklusion.

8. Unterstützung bei der Führung von Führungskräften:

Führungsunterstützung ist entscheidend. Wenn sich die Führungskräfte sichtbar verändern, sendet sie eine starke Botschaft, dass die Organisation der neuen Richtung verpflichtet ist.

9. Bieten Sie Anreize und Belohnungen an:

Bieten Sie Anreize oder Belohnungen für diejenigen, die Veränderungen annehmen. Eine positive Verstärkung kann Einzelpersonen motivieren, Widerstand zu überwinden und aktiv am Veränderungsprozess teilzunehmen.

10. Erstellen Sie eine Koalition der Unterstützung:

Identifizieren und einbeziehen, dass einflussreiche Personen als Veränderungsmeister fungieren können. Eine Koalition von Unterstützern kann andere beeinflussen und zeigen, dass die Veränderung weit verbreitet ist.

11. Betonen Sie kontinuierliches Lernen:

Rahmen Sie die Veränderung als Chance für kontinuierliches Lernen und Wachstum ein. Heben Sie den Erwerb neuer Fähigkeiten und Erfahrungen hervor, die Einzelpersonen in ihrer persönlichen und beruflichen Entwicklung zugute kommen können.

12. Verwenden Sie Pilotprogramme oder eine Phasedimplementierung:

Änderungen nach und nach durch Pilotprogramme implementieren. Mit diesem Ansatz können Einzelpersonen inkrementell einstellen und den Schock einer plötzlichen, vollständigen Transformation verringern.

13. Bieten Sie emotionale Unterstützung:

Den emotionalen Aspekt des Wandels anerkennen. Bieten Sie Unterstützung durch Coaching, Beratung oder andere Ressourcen, um Einzelpersonen zu helfen, mit den psychologischen

Herausforderungen umzugehen, die mit Veränderungen
einhergehen.

14. Förderung der Zusammenarbeit:

Fördern Sie eine kollaborative Kultur, in der Einzelpersonen
zusammenarbeiten, um sich an die Veränderung anzupassen.
Ermutigen Sie Teamarbeit, gemeinsame Ziele und gegenseitige
Unterstützung, um ein positives Wandel zu schaffen.

15. Erfolgsgeschichten präsentieren:

Teilen Sie Erfolgsgeschichten von Einzelpersonen oder Teams, die
sich erfolgreich verändert haben. Beispiele im realen Leben
können andere inspirieren und zeigen, dass positive Ergebnisse
erreichbar sind.

16. Frühe Resistenz vorwegnehmen und ansprechen:

Identifizieren Sie proaktiv potenzielle Widerstandsquellen und
sprechen Sie sie früh im Veränderungsprozess an. Das Verständnis
der Ursachen ermöglicht gezielte Interventionen.

17. Verwenden Sie Change Agents:

Veränderungsagenten innerhalb der Organisation identifizieren
und stärken. Diese Personen können als Influencer und
Befürworter der Veränderung fungieren und dazu beitragen,
Meinungen und Einstellungen zu beeinflussen.

18. Übernehmen Sie eine Wachstumsdeduktion:

Fördern Sie eine Wachstumsanzeige, in der Herausforderungen
als Möglichkeiten zum Lernen und Verbesserungen angesehen
werden. Kultivieren Sie eine Organisationskultur, die

Anpassungsfähigkeit und Belastbarkeit umfasst.

19. Geben Sie regelmäßige Aktualisierungen an:

Halten Sie den Einzelnen über den Fortschritt der Veränderung
auf dem Laufenden. Regelmäßige Updates erzeugen ein Gefühl
der Transparenz und helfen, sich im Veränderungsprozess zu
engagieren.

20. Seien Sie geduldig und hartnäckig:

Veränderung braucht Zeit. Seien Sie geduldig und beharrlich, um
die Vorteile zu verstärken und Einzelpersonen durch den
Übergang zu unterstützen. Der kontinuierliche Aufwand und ein
positiver Ansatz tragen zum langfristigen Erfolg bei.

Die Überwindung des Widerstandes gegen Veränderungen
erfordert einen nachdenklichen und umfassenden Ansatz, der
sowohl die praktischen als auch die emotionalen Aspekte des
Übergangs befasst. Durch die Kombination von Kommunikations-,
Support- und Engagement -Strategien können Organisationen und
Einzelpersonen effektiver Veränderungen navigieren.

C. Negative Gewohnheiten durch positive Alternativen ersetzen

Das Ersetzen negativer Gewohnheiten durch positive Alternativen
ist eine starke Strategie für persönliches Wachstum und
Wohlbefinden. Hier sind einige Schritte, um negative
Gewohnheiten durch positive Verhaltensweisen zu ersetzen:

1. Identifizieren Sie die negative Angewohnheit:

Identifizieren Sie klar die negative Angewohnheit, die Sie ändern
möchten. Seien Sie genau das Verhalten, das Sie durch eine

positive Alternative ersetzen möchten.

2. Trigger verstehen:

Identifizieren Sie die Auslöser oder Hinweise, die zur negativen Gewohnheit führen. Das Verständnis des Verhaltens ist entscheidend für die Implementierung positiver Alternativen.

3. Definieren Sie positive Alternativen:

Definieren Sie eindeutig positive Verhaltensweisen, die als Alternativen zu negativen Gewohnheiten dienen können. Wählen Sie Aktionen aus, die Ihren Zielen übereinstimmen, und tragen Sie zu Ihrem Wohlbefinden bei.

4. Setzen Sie klare Ziele:

Stellen Sie klare und spezifische Ziele für die Einführung der positiven Alternative fest. Definieren Sie, wie der Erfolg aussieht, und setzen Sie erreichbare Meilensteine.

5. SCHLNUNG:

Beginnen Sie mit kleinen, überschaubaren Änderungen. Small zu starten macht den Prozess erreichbar und hilft, Vertrauen in Ihre Fähigkeit zu stärken, positive Anpassungen vorzunehmen.

6. Verwenden Sie den Cue-Routine-Ertragszyklus:

Wenden Sie das Gewohnheitsschleifenmodell an. Identifizieren Sie den Cue, der die negative Gewohnheit auslöst, die Routine durch ein positives Verhalten ersetzen und die gleiche oder eine ähnliche Belohnung beibehalten.

7. Erstellen Sie eine positive Gewohnheitsschleife:

Erstellen Sie eine positive Gewohnheitsschleife, indem Sie das positive Verhalten mit einem Stichwort und einer Belohnung in Verbindung bringen. Dies hilft, die neue Gewohnheit im Laufe der Zeit zu verstärken.

8. Konsistenz aufbauen:

Konsistenz ist der Schlüssel zur Gewohnheitsbildung. Legen Sie einen konsistenten Zeitplan für das Üben der positiven Alternative zur Verstärkung des Verhaltens fest.

9. Erfolg visualisieren:

Stellen Sie sich vor, dass Sie die positive Alternative erfolgreich übernehmen. Erstellen Sie mentale Bilder der Vorteile und positiven Ergebnisse, um die Motivation zu verbessern.

10. Soziale Unterstützung suchen:

Teilen Sie Ihre Ziele mit Freunden, Familie oder einem Support - Netzwerk. Eine unterstützende Gemeinschaft kann Ermutigung und Rechenschaftspflicht bieten.

11. Überwachen Sie Ihren Fortschritt:

Behalten Sie Ihren Fortschritt im Auge. Verwenden Sie eine Zeitschrift, eine App oder andere Tracking -Tools, um Ihre Konsistenz zu überwachen und kleine Siege zu feiern.

12. Gewohnheitsstapel implementieren:

Kombinieren Sie das positive Verhalten mit einer vorhandenen Gewohnheit (Gewohnheitsstapel). Dies erleichtert es, das neue

Verhalten in Ihre Routine zu integrieren.

13. Verwenden Sie Achtsamkeitstechniken:

Üben Sie Achtsamkeit, um das Bewusstsein für Ihre Gedanken und Handlungen zu schärfen. Achtsamkeit kann Ihnen helfen, automatische Antworten zu unterbrechen und absichtliche Entscheidungen zu treffen.

14. Belohnen Sie sich:

Belohnen Sie sich, wenn Sie das positive Verhalten erfolgreich übernehmen. Eine positive Verstärkung stärkt den Zusammenhang zwischen dem Verhalten und der Belohnung.

15. Rechenschaftspflicht festlegen:

Teilen Sie Ihren Fortschritt mit einem Partner für Rechenschaftspflicht, der Unterstützung und Feedback bieten kann. Zu wissen, dass jemand Ihre Ziele kennen, kann das Engagement verbessern.

16. Adressretbacks positiv:

Verstehen Sie, dass Rückschläge ein normaler Bestandteil der Verhaltensänderung sind. Verwenden Sie anstatt sie als Fehler zu betrachten, und verwenden Sie Rückschläge als Möglichkeit, Ihren Ansatz zu lernen und anzupassen.

17. Geduld kultivieren:

Die Änderung der Gewohnheiten braucht Zeit. Seien Sie geduldig mit sich selbst und erkennen Sie an, dass der Fortschritt schrittweise sein kann. Konzentrieren Sie sich auf die positiven Veränderungen, die Sie vornehmen.

18. Versuchungen entfernen:

Minimieren Sie die Exposition gegenüber Umgebungen oder Situationen, die die negative Gewohnheit auslösen. Die Schaffung einer unterstützenden Umgebung verringert die Wahrscheinlichkeit eines Rückfalls.

19. Erhaben Sie sich:

Erfahren Sie mehr über die Vorteile des positiven Verhaltens. Das Verständnis der positiven Auswirkungen kann Sie weiter motivieren, die neue Gewohnheit zu übernehmen und aufrechtzuerhalten.

20. Reflektieren und anpassen:

Denken Sie regelmäßig über Ihre Reise nach und passen Sie Ihren Ansatz nach Bedarf an. Seien Sie offen für die Verfeinerung Ihrer Strategie basierend auf dem, was für Sie am besten funktioniert.

Beispiel: Ersetzen des Rauchens durch Bewegung
Negative Angewohnheit: Rauchen
Positive Alternative: Übung
Stichwort: Stress fühlen oder eine Pause machen
Routine: Anstatt zu rauchen, machen Sie eine kurze Übungsroutine oder machen Sie einen zügigen Spaziergang.
Belohnung: Erleben Sie die stressablösenden und stimmungsbreiten Vorteile von Bewegung.

Wenn Sie diese Schritte befolgen und an Ihre spezifische Situation anpassen, können Sie negative Gewohnheiten effektiv durch positive Alternativen ersetzen und dauerhafte positive Veränderungen in Ihrem Leben vornehmen.

lx. Nutzung von Rechenschaftspflicht und Support

Die Nutzung von Rechenschaftspflicht und Unterstützung ist eine starke Strategie, um persönliche und berufliche Ziele zu erreichen und positive Gewohnheiten aufrechtzuerhalten. Hier sind einige Möglichkeiten, um Rechenschaftspflicht und Unterstützung effektiv zu nutzen:

1. Setzen Sie klare Ziele:

Definieren Sie Ihre Ziele klar. Unabhängig davon, ob sie sich auf persönliche Entwicklung, Gesundheit oder einen beruflichen Erfolg beziehen, bietet genau definierte Ziele eine klare Richtung für die Rechenschaftspflicht.

2. Teilen Sie Ihre Ziele:

Bringen Sie Ihre Ziele vertrauenswürdigen Freunden, Familie oder Kollegen mit. Das Teilen Ihrer Bestrebungen schafft ein Gefühl der Rechenschaftspflicht, da andere Ihre Absichten kennen.

3. Suchen Sie einen Partner für Rechenschaftspflicht:

Identifizieren Sie einen Partner für Rechenschaftspflicht, der Sie bei der Erreichung Ihrer Ziele unterstützen kann. Diese Person kann ein Freund, ein Familienmitglied, ein Mentor oder ein Kollege sein, mit dem Sie regelmäßig einchecken.

4. Stellen Sie regelmäßige Check-in fest:

Planen Sie regelmäßige Check-in mit Ihrem Rechenschaftspartner. Diese Treffen bieten Möglichkeiten, Fortschritte, Herausforderungen und Anpassungen Ihres Aktionsplans zu besprechen.

5. Technologie verwenden:

Nutzen Sie die Technologie für die Rechenschaftspflicht. Es gibt Apps und Online -Plattformen, mit denen Sie Ihre Ziele verfolgen und Fortschritte mit einer Community- oder Accountability - Gruppe teilen können.

6. Schließen Sie sich unterstützenden Gemeinschaften an:

Verbinden Sie sich mit Gleichgesinnten, indem Sie sich Gruppen oder Gemeinschaften anschließen, die Ihre Ziele teilen. Ob online oder persönlich, diese Gemeinschaften bieten Ermutigung, Beratung und gemeinsame Erfahrungen.

7. Nehmen Sie an Gruppenherausforderungen teil:

Machen Sie sich an Gruppenherausforderungen oder -initiativen, die Ihren Zielen entsprechen. Die kollektiven Bemühungen schaffen ein Gefühl von Kameradschaft und gemeinsamer Rechenschaftspflicht.

8. Erstellen Sie eine Mastermind -Gruppe:

Bilden Sie eine Mastermind -Gruppe mit Personen mit ähnlichen Bestrebungen. Treffen Sie sich regelmäßig, um Ziele zu erörtern, Erkenntnisse zu teilen und gegenseitige Unterstützung und Rechenschaftspflicht zu bieten.

9. Fortschritt öffentlich teilen:

Erwägen Sie, Ihren Fortschritt öffentlich zu teilen, z. B. in sozialen Medien oder einem Blog. Die öffentliche Rechenschaftspflicht kann Sie motivieren, engagiert zu bleiben und andere dabei zu inspirieren.

10. Belohnungssysteme:

Implementieren Sie ein Belohnungssystem, das an Ihre Ziele gebunden ist. Teilen Sie Ihre Belohnungen mit Ihrem Rechenschaftspartner oder Ihrer Gruppe mit und erstellen Sie eine zusätzliche Motivation und Rechenschaftspflicht.

11. gegenseitige Rechenschaftspflicht:

Fangen Sie eine gegenseitige Rechenschaftspflicht -Dynamik mit Ihrem Partner oder Ihrer Gruppe. Jede Person hält die anderen zur Rechenschaft und erstellt ein unterstützendes Netzwerk.

12. regelmäßig über Ziele nachdenken:

Planen Sie die Zeit für regelmäßige Zielreflexionen. Bewerten Sie Ihre Fortschritte, feiern Sie Erfolge und identifizieren Sie Bereiche zur Verbesserung oder Anpassung.

13. Coaching oder Mentoring verwenden:

Erwägen Sie, mit einem Coach oder Mentor zusammenzuarbeiten, der Anleitung, Unterstützung und eine externe Perspektive auf Ihre Ziele und Fortschritte liefern kann.

14. Halten Sie sich verantwortlich:

Ein starkes Gefühl der persönlichen Verantwortung entwickeln. Verstehen Sie, dass Sie sich letztendlich für Ihre Ziele und Handlungen gegenüber verantwortlich machen.

15. Feiern Sie zusammen kleine Siege zusammen:

Feiern Sie kleine Siege mit Ihrem Rechenschaftspartner oder Ihrer Gruppe. Die Anerkennung der Erfolge fördert eine positive

Atmosphäre und verstärkt das Engagement.

16. Herausforderungen offen diskutieren:

Seien Sie offen über Herausforderungen und Rückschläge. Durch die Besprechung von Hindernissen mit Ihrem Rechenschaftsnetzwerk ermöglicht konstruktive Feedback und Unterstützung.

17. Konsequenzen festlegen:

Erwägen Sie, Konsequenzen für die Nichteinhaltung Ihrer Ziele zu setzen. Während Belohnungen motivierend sein können, bieten Konsequenzen eine zusätzliche Schicht der Rechenschaftspflicht.

18. Anpassen der Ziele nach Bedarf:

Seien Sie bereit, Ihre Ziele anhand von Feedback und sich ändernden Umständen anzupassen. Flexibilität ist wichtig für die Aufrechterhaltung der Motivation und des Fortschritts.

19. Erstellen Sie Rechenschaftspflichtverträge:

Entwurf von Rechenschaftspflichtverträgen, die Ihre Ziele, Verpflichtungen und Konsequenzen beschreiben. Unterzeichnen Sie diese Verträge mit Ihrem Rechenschaftspartner, um Ihr Engagement zu formalisieren.

20. Ausdruck von Dankbarkeit:

Dankbarkeit für Ihren Rechenschaftspartner oder Ihre Gruppe ausdrücken. Bestätigen Sie ihre Unterstützung und feiern Sie die positiven Auswirkungen, die sie auf Ihre Reise haben.

Rechenschaftspflicht und Unterstützung sind wirksame Instrumente, um Erfolg zu erzielen und positive Gewohnheiten aufrechtzuerhalten. Indem Sie sich aktiv mit anderen beschäftigen, Ihre Ziele teilen und verschiedene Formen der Unterstützung nutzen, schaffen Sie ein Netzwerk, das die Motivation verbessert, Anleitung bietet und zu Ihrem allgemeinen Wohlbefinden beiträgt.

A. Die Rolle von Rechenschaftspartnern

Rechenschaftspartner spielen eine entscheidende Rolle bei der persönlichen und beruflichen Entwicklung, indem sie Unterstützung, Motivation und Anleitung bieten, wenn Einzelpersonen auf ihre Ziele hinarbeiten. Hier sind einige wichtige Aspekte der Rolle von Rechenschaftspartnern:

1. Unterstützung und Ermutigung:

Emotionale Unterstützung: Rechenschaftspflicht bieten emotionale Unterstützung, indem sie Ermutigung, Verständnis und Empathie bieten. Sie werden sowohl während der Triumphe als auch während der Herausforderungen zu einer Quelle der Motivation.

2. objektive Perspektive:

Externes Feedback: Rechenschaftspartner bieten eine externe Perspektive auf Ihre Ziele, Handlungen und Fortschritte. Ihre Objektivität hilft Ihnen, Einblicke zu gewinnen und Verbesserungsbereiche zu identifizieren.

3. Regelmäßige Check-Ins:

Konsequente Überwachung: Rechenschaftspflicht betreiben regelmäßige Check-in, um Ihre Fortschritte zu bewerten. Diese

Check-Ins dienen als Möglichkeit, Erfolge, Rückschläge und
Anpassungen Ihres Aktionsplans zu besprechen.

4. Zieleinstellung und Klarheit:

Unterstützung bei der Zielsetzung: Rechenschaftspartner helfen
bei der Festlegung klarer, erreichbarer Ziele. Sie können Ihnen
helfen, Ihre Ziele zu verfeinern und sicherzustellen, dass sie
spezifisch, messbar und mit Ihrem Gesamtvision ausgerichtet
sind.

5. Problemlösung:

Kollaborative Problemlösung: Wenn Herausforderungen
auftreten, arbeiten die Rechenschaftspartner mit Ihnen
zusammen, um Lösungen zu finden. Sie können alternative
Strategien anbieten, Erfahrungen ausgetauscht oder Ressourcen
bereitstellen, um Hindernisse zu überwinden.

6. Motivation und Inspiration:

Quelle der Motivation: Rechenschaftspartner dienen als
Motivationskraft. Zu wissen, dass jemand in Ihren Erfolg investiert
ist, kann Ihre Entschlossenheit und Ihr Engagement für Ihre Ziele
steigern.

7. Feedback und Reflexion:

Konstruktives Feedback: Verantwortlichkeitspartner bieten
konstruktives Feedback zu Ihren Handlungen und Entscheidungen.
Dieses Feedback fördert einen reflektierenden Prozess und hilft
Ihnen, zu beurteilen, was gut funktioniert und was verbessert
werden kann.

8. Shared Accountability:

Gegenseitige Verantwortung: Verantwortungspartner teilen die Verantwortung für den Erfolg des anderen. Diese gegenseitige Rechenschaftspflicht schafft eine unterstützende Dynamik, bei der beide Individuen ihre jeweiligen Ziele erreichen.

9. Erfolge feiern:

Feier der Siege: Rechenschaftspartner feiern Ihre Erfolge, egal wie klein. Das Erkennen von Erfolgen verstärkt das positive Verhalten und fördert die anhaltende Anstrengung.

10. Halten Sie sich gegenseitig verantwortlich:

Verpflichtung zur Rechenschaftspflicht: Beide Parteien verpflichten sich, sich gegenseitig zur Rechenschaft zu ziehen. Diese Verpflichtung stellt einen Rahmen für regelmäßige Kommunikation und Follow-Through zu vereinbarten Aktionen fest.

11. Konsistenz aufbauen:

Ermutigende Konsistenz: Verantwortungspartner helfen Ihnen dabei, Ihre Bemühungen zu konsistent und aufrechtzuerhalten. Regelmäßige Check-Ins und Diskussionen tragen zu einem konsequenten Ansatz zur Zielverfolgung bei.

12. Positive Verstärkung:

Verstärkung des positiven Verhaltens: Rechenschaftspartner bieten eine positive Verstärkung, um Ihren Aktionsplan einzuhalten und Fortschritte zu erzielen. Diese Verstärkung stärkt den Zusammenhang zwischen positiven Handlungen und ihren damit verbundenen Belohnungen.

13. gemeinsames Lernen:

Gemeinsam lernen: Rechenschaftspartner teilen ihre Erfahrungen, Erkenntnisse und ihr Wissen. Dieser kollaborative Lernprozess bereichert das Verständnis der Einzelpersonen für effektive Strategien und Best Practices.

14. Ziele einstellen:

Flexibilität bei der Zielanpassung: Wenn sich die Umstände ändern oder neue Erkenntnisse auftreten, helfen die Rechenschaftspartner bei der Anpassung der Ziele. Flexibilität stellt sicher, dass Ihre Ziele relevant und erreichbar bleiben.

15. Vertraulichkeit und Vertrauen:

Aufrechterhaltung des Vertrauens: Rechenschaftspartner halten Vertraulichkeit auf und schaffen ein vertrauensvolles Umfeld. Dieses Vertrauen ist für die offene Kommunikation und den Austausch persönlicher Ziele und Herausforderungen von wesentlicher Bedeutung.

16. Motivationsherausforderungen:

Herausfordernde Komfortzonen: Partner für Rechenschaftspflicht können Sie herausfordern, Ihre Komfortzone zu entfernen, das Wachstum zu fördern und Sie dazu zu drängen, neue Möglichkeiten zu erkunden.

17. Werteausrichtung:

Freigegebene Werte: Es ist von Vorteil, wenn Rechenschaftspartner gemeinsame Werte und Bestrebungen ausweisen. Diese Ausrichtung fördert ein tieferes Verständnis der Ziele und Motivationen des anderen.

18. Bereitstellung von Ressourcen:

Ressourcenfreigabe: Rechenschaftspartner können relevante Ressourcen wie Artikel, Bücher oder Tools teilen, um Ihre Entwicklung zu unterstützen und Ihr Verständnis des Themas zu verbessern.

19. Förderung des Engagements:

Förderung des persönlichen Engagements: Rechenschaftspartner fördern ein Gefühl des persönlichen Engagements für Ihre Ziele. Dieses Engagement wird durch regelmäßige Kommunikation, Feedback und gemeinsame Erfahrungen gestärkt.

20. Langzeitbeziehung:

Aufbau langfristiger Verbindungen: Partnerschaften der Rechenschaftspflicht können über die Erreichung spezifischer Ziele hinausgehen. Langfristige Verbindungen ermöglichen eine kontinuierliche Unterstützung und Zusammenarbeit in verschiedenen Aspekten des persönlichen und beruflichen Wachstums.

Zusammenfassend lässt sich sagen, dass Rechenschaftspartner als integrale Verbündete in der Verfolgung von Zielen und positiven Gewohnheiten dienen. Durch ihre Unterstützung, Feedback und ihr gemeinsames Engagement tragen sie erheblich zum individuellen Erfolg und zur Entwicklung bei. Die Beziehung ist eine wechselseitige, wobei beide Parteien von der kollaborativen Reise zum Erreichen ihrer Bestrebungen profitieren.

B. Erstellen eines Unterstützungssystems

Die Schaffung eines Unterstützungssystems ist wichtig für das persönliche Wachstum, das Erreichen von Zielen und das Navigieren der Herausforderungen des Lebens. Hier sind einige Schritte, um ein effektives Unterstützungssystem zu erstellen:

1. Identifizieren Sie Ihre Bedürfnisse:

Denken Sie über Ihre persönlichen und beruflichen Ziele sowie über die Bereiche nach, in denen Sie möglicherweise Hilfe oder Ermutigung benötigen. Wenn Sie Ihre Bedürfnisse verstehen, werden Sie beim Aufbau eines Support -Netzwerks angeleitet, das auf Ihre Anforderungen zugeschnitten ist.

2. Wenden Sie sich an Freunde und Familie:

Wenden Sie sich an Freunde und Familienmitglieder, die unterstützend und verständnisvoll sind. Diese Personen können emotionale Unterstützung bieten, ein Hörohr verleihen und in schwierigen Zeiten Ermutigung ermutigen.

3. Schließen Sie sich Support -Gruppen an:

Suchen Sie nach Unterstützungsgruppen oder Gemeinschaften, die sich auf Ihre Interessen, Hobbys oder Herausforderungen im Zusammenhang mit Ihnen im Zusammenhang mit Ihnen im Zusammenhang mit Ihnen stellen. Unabhängig davon, ob Online oder persönlich, Unterstützungsgruppen Kameradschaft, gemeinsame Erfahrungen und wertvolle Erkenntnisse von anderen anbieten, die sich auf Ihre Situation beziehen können.

4. Suchen Sie professionelle Hilfe:

Betrachten Sie die Suche nach professioneller Unterstützung von Therapeuten, Beratern oder Lebensberater. Diese Fachkräfte bieten Anleitung, Perspektive und Strategien zur Verwaltung von Stress, Überwindung von Hindernissen und persönliches Wachstum.

5. Finden Sie Mentoren oder Vorbilder:

Identifizieren Sie Mentoren oder Vorbilder, die Erfolg in Bereichen erzielt haben, in denen Sie sich hervorheben möchten. Mentoren können Ratschläge anbieten, ihre Erfahrungen teilen und wertvolle Anleitungen geben, um Ihnen dabei zu helfen, Ihre Reise zu erreichen.

6. Bauen Sie positive Beziehungen auf:

Pflege positive Beziehungen zu Personen, die Sie anheben und inspirieren. Umgeben Sie sich mit Menschen, die Ihre Werte, Bestrebungen und Ihr Engagement für persönliches Wachstum teilen.

7. offen und verletzlich sein:

Üben Sie Offenheit und Verwundbarkeit mit Ihrem Unterstützungssystem. Teilen Sie Ihre Herausforderungen, Ängste und Bestrebungen offen und ermöglichen es anderen, Empathie, Verständnis und Unterstützung anzubieten.

8. Kommunizieren Sie Ihre Bedürfnisse:

Vermitteln Sie Ihre Bedürfnisse und Grenzen klar mit Ihrem Unterstützungssystem. Lassen Sie sie wissen, wie sie Sie am besten unterstützen können und welche Art von Hilfe oder

Ermutigung Sie suchen.

9. Bieten Sie Unterstützung als Gegenleistung an:

Seien Sie bereit, anderen in Ihrem Netzwerk Unterstützung und
Ermutigung anzubieten. Unterstützungssysteme leben von
Gegenseitigkeit und tragen dazu bei, dass das Wohlergehen
anderer Ihre Beziehungen stärkt und ein Gemeinschaftsgefühl
fördert.

10. Aktivieren Sie aktives Zuhören:

Üben Sie aktives Zuhören, wenn Sie mit Mitgliedern Ihres
Unterstützungssystems interagieren. Hören Sie aufmerksam auf
ihre Anliegen, Herausforderungen und Erfolge, die Empathie,
Validierung und konstruktives Feedback bieten.

11. Erstellen Sie regelmäßige Check-in:

Stellen Sie regelmäßige Überprüfungen mit Mitgliedern Ihres
Support-Systems fest. Planen Sie Zeit für aussagekräftige
Gespräche, sei es persönlich, telefonisch oder über Videoanrufe,
um in Verbindung zu bleiben und gegenseitige Unterstützung zu
bieten.

12. gemeinsame Erfolge feiern:

Feiern Sie Erfolge und Meilensteine mit Ihrem Support -Netzwerk.
Bestätigen Sie Erfolge, egal wie klein, und danken Sie für die
Ermutigung und Unterstützung, die Sie auf dem Weg erhalten
haben.

13. Nehmen Sie an Workshops oder Seminaren teil:

Nehmen Sie an Workshops, Seminaren oder Konferenzen im Zusammenhang mit Ihren Interessen oder Zielen teil. Diese Veranstaltungen bieten die Möglichkeit, Gleichgesinnte zu treffen, Ihr Netzwerk zu erweitern und neue Perspektiven zu erhalten.

14. Verwenden Sie Online -Plattformen:

Entdecken Sie Online -Plattformen und Social -Media -Gruppen, die sich auf persönliche Entwicklung, berufliches Wachstum oder spezifische Interessenbereiche konzentrieren. Beschäftige dich mit Online -Communities, um Erfahrungen auszutauschen, Ratschläge zu suchen und mit anderen auf ähnlichen Reisen zu verbinden.

15. Selbstpflege üben:

Priorisieren Sie die Selbstversorgung als Teil Ihres Unterstützungssystems. Investieren Sie Zeit und Energie in Aktivitäten, die Ihr physisches, geistiges und emotionales Wohlbefinden nähren, und stellen Sie sicher, dass Sie die Widerstandsfähigkeit haben, die Herausforderungen des Lebens zu steuern.

16. Bleiben Sie offen für neue Verbindungen:

Bleiben Sie offen für die Herstellung neuer Verbindungen und die Erweiterung Ihres Support -Netzwerks. Seien Sie proaktiv, um Personen zu suchen, die Sie inspirieren und an Ihren Werten und Zielen übereinstimmen.

17. Grenzen beibehalten:

Stellen Sie gesunde Grenzen in Ihrem Unterstützungssystem fest, um sicherzustellen, dass die Beziehungen für beide Seiten vorteilhaft und respektvoll bleiben. Respektieren Sie auch die Grenzen anderer und fördern eine Kultur des Vertrauens und gegenseitigen Respekts.

18. Suchen Sie in Perspektiven Vielfalt:

Suchen Sie in Ihrem Unterstützungssystem Vielfalt in Perspektiven. Umgeben Sie sich mit Personen mit unterschiedlichem Hintergrund, Kulturen und Erfahrungen, bereichern Sie Ihr Verständnis und erweitern Sie Ihre Weltanschauung.

19. Bleiben Sie in der Kommunikation konsequent:

Behalten Sie die konsistente Kommunikation mit Ihrem Support - Netzwerk auch in Stabilitätszeiten bei. Regelmäßige Interaktion stärkt die Bindungen, fördert das Vertrauen und stellt sicher, dass die Unterstützung bei Bedarf leicht verfügbar ist.

20. Ausdruck von Dankbarkeit:

Aussagen gegenüber Mitgliedern Ihres Unterstützungssystems für ihre Beiträge zu Ihrem Wachstum und Wohlbefinden. Zeigen Sie Wertschätzung für ihre Unterstützung, Ermutigung und Präsenz in Ihrem Leben.

Wenn Sie diese Schritte befolgen und Ihr Unterstützungssystem aktiv fördern, schaffen Sie eine Grundlage für Stärke, Widerstandsfähigkeit und Verbindung, die Sie ermöglichen, Herausforderungen zu bewältigen, Ihre Ziele zu erreichen und in allen Aspekten Ihres Lebens zu gedeihen.

C. gemeinsame Erfolge feiern

Die gemeinsamen Erfolge zu feiern, ist ein sinnvoller und
wesentlicher Aspekt beim Aufbau einer positiven und
unterstützenden Umgebung in Ihrem Netzwerk. Egal, ob es sich
um persönliche Leistungen, berufliche Meilensteine oder
gemeinsame Erfolge handelt, die gemeinsame Beziehungen
stärken, die Moral stärken und ein Gefühl der Gemeinschaft
fördert. Hier sind einige Möglichkeiten, um gemeinsam Erfolge zu
feiern:

1. Organisieren Sie eine Feierveranstaltung:

Planen Sie eine Versammlung oder Veranstaltung zum Gedenken
an die Leistung. Dies kann eine Party, ein Abendessen, ein Picknick
oder eine Aktivität sein, die den Interessen und Vorlieben der
beteiligten Personen übereinstimmt.

2. Gastgeber einer virtuellen Feier:

Wenn die physische Nähe herausfordernd ist, veranstalten Sie
eine virtuelle Feier mit Videokonferenzplattformen. Bringen Sie
alle online zusammen, um die Freude und Aufregung der Leistung
zu teilen.

3. Erstellen Sie eine Anerkennungszeremonie:

Entwerfen Sie eine formelle oder informelle
Anerkennungszeremonie, bei der Einzelpersonen für ihre Beiträge
und Errungenschaften anerkannt werden. Dies kann die
Präsentation von Zertifikaten, Auszeichnungen oder
personalisierten Wertschätzungen umfassen.

4. Erfolge in den sozialen Medien teilen:

Feiern Sie Erfolge, indem Sie die Nachrichten auf Social -Media -Plattformen teilen. Dies erkennt nicht nur den Einzelnen an, sondern ermöglicht es anderen in Ihrem Netzwerk auch, sich der Feier anzuschließen und Glückwünsche zu bieten.

5. Senden Sie personalisierte Notizen oder Nachrichten:

Schreiben Sie personalisierte Notizen oder Nachrichten, die Ihre Glückwünsche ausdrücken. Erwägen Sie, spezifische Aspekte der Leistung hervorzuheben, die Sie beeindruckend oder lobenswert halten.

6. Erstellen Sie ein kollaboratives Video:

Arbeiten Sie mit anderen in Ihrem Netzwerk zusammen, um ein Glückwunschvideo zu erstellen. Jede Person kann eine kurze Botschaft teilen, und die Zusammenstellung kann mit dem Feier der Person oder des Teams geteilt werden.

7. Organisieren Sie eine Teambuilding -Aktivität:

Integrieren Sie eine Teambuilding-Aktivität in die Feier. Dies könnte ein unterhaltsamer Ausflug, eine Teambuilding-Übung oder ein kollaboratives Projekt sein, das das Gefühl von Einheit und Kameradschaft verstärkt.

8. Geben Sie nachdenkliche Geschenke:

Erwägen Sie, nachdenkliche Geschenke zu geben, um an die Leistung zu erinnern. Personalisierte Geschenke oder Gegenstände, die für den Einzelnen an Bedeutung sind, können als dauerhafte Erinnerungen an die Leistung dienen.

9. Gastgeber eines Potlucks oder einer gemeinsamen Mahlzeit:

Organisieren Sie ein Potluck oder eine gemeinsame Mahlzeit, bei der jeder ein Gericht beiträgt. Das Zusammenbruch von Brot schafft ein Gemeinschaftsgefühl und bietet eine Gelegenheit zur Gelegenheitsfeier.

10. Erstellen Sie ein Speicherbuch oder ein Sammelalbum:

Kompilieren Sie ein Speicherbuch oder ein Sammelalbum, das die Reise vor der Leistung erfasst. Fügen Sie Fotos, Nachrichten und Andenken hinzu, die den Fortschritt und den Erfolg des Einzelnen oder des Teams widerspiegeln.

11. Feature in Newslettern oder Veröffentlichungen:

Präsentieren Sie die Leistung in Newslettern, Firmenpublikationen oder Bulletins in der Gemeinde. Diese öffentliche Anerkennung verstärkt die Auswirkungen der Leistung und zeigt ihre Bedeutung.

12. Gastgeber eines Toasts oder eines Jubels:

Erhöhen Sie einen Toast oder Jubel zu Ehren der Leistung. Diese einfache, aber aussagekräftige Geste kann persönlich oder praktisch durchgeführt werden, was dem Anlass ein Gefühl der Festlichkeit bringt.

13. Erstellen Sie eine Erkennungswand:

Richten Sie eine Anerkennungsmauer oder eine Anpassungsmauer ein, in der Erfolge prominent angezeigt werden. Diese visuelle Darstellung dient als kontinuierliche Erinnerung an den Erfolg innerhalb der Gemeinde.

14. Bieten Sie Möglichkeiten zur beruflichen Entwicklung an:

Erleichterung Erfolge durch die Bereitstellung von Möglichkeiten für die berufliche Entwicklung. Dies kann die Finanzierung für Schulungen, die Teilnahme an Konferenzen oder die Teilnahme an Workshops beinhalten, die sich mit den individuellen Zielen entsprechen.

15. Erleichterung einer Q & A- oder Wissensaustausch -Sitzung:

Organisieren Sie eine Q & A- oder Wissensaustausch-Sitzung, bei der die Person oder das Team Einsichten und Lektionen aus ihrer Leistung teilen kann. Dies fördert das Lernen und fördert eine Kultur der kontinuierlichen Verbesserung.

16. Arbeiten Sie an einem Projekt zusammen:

Arbeiten Sie an einem neuen Projekt oder einer neuen Initiative zusammen, um die positive Dynamik zu nutzen, die durch die Leistung erzeugt wird. Setzen Sie die Begeisterung in eine andere kollektive Anstrengung.

17. Erstellen Sie ein Anerkennungsprogramm:

Legen Sie ein formelles Anerkennungsprogramm in Ihrer Gemeinde oder Organisation ein. Feiern Sie regelmäßig Erfolge durch dieses Programm und stellen Sie sicher, dass die Leistungen konsequent anerkannt werden.

18. Halten Sie einen Teambuilding -Retreat ab:

Erwägen Sie, einen Teambuilding -Retreat zu organisieren, um bedeutende Erfolge zu feiern. Ein Retreat bietet die Möglichkeit zu Reflexion, Entspannung und Teambindung in einer anderen Umgebung.

19. Laden Sie Gastredner oder Influencer ein:

Verbessern Sie die Feier, indem Sie Gastredner oder Influencer im Zusammenhang mit dem Bereich der Leistung einladen. Ihre Erkenntnisse und Präsenz können dem Ereignis eine besondere Note verleihen.

20. Förderung von Reflexion und Dankbarkeit:

Ermutigen Sie Einzelpersonen, über ihre Reise nachzudenken und für die erhaltene Unterstützung zu danken. Das Teilen von Reflexionen und das Ausdrücken von Dank fördert eine positive und wertschätzende Atmosphäre.

Das Feiern von Erfolgen kann nicht nur die individuellen Bemühungen anerkennt, sondern auch das Gefühl der Gemeinschaft und des kollektiven Erfolgs verstärkt. Es schafft eine positive Rückkopplungsschleife, die Einzelpersonen dazu motiviert, weiterhin nach Exzellenz zu streben, und zum Gesamterfolg der Gruppe beiträgt.

X. Mindset Verschiebung für den Erfolg des Gewohnheit

Eine Mindset -Verschiebung ist eine grundlegende Veränderung in der Art und Weise, wie Sie sich nähern und Gewohnheiten wahrnehmen. Die Einführung der richtigen Einstellung ist entscheidend für den Erfolg des Gewohnheitsverhaltens, da sie Ihre Gedanken, Verhaltensweisen und Ihr allgemeiner Ansatz für die persönliche Entwicklung beeinflusst. Hier sind einige wichtige Mindset -Verschiebungen, die zum Erfolg der Gewohnheit beitragen können:

1. Konzentrieren Sie sich auf den Fortschritt, nicht auf Perfektion:

Verschieben Sie Ihre Denkweise vom Ziel auf Perfektion auf die Bewertung des Fortschritts. Verstehen Sie, dass die Gewohnheiten im Laufe der Zeit gebaut werden und jeder Schritt nach vorne, egal wie klein, ein Sieg ist. Nehmen Sie die Reise der Verbesserung an, anstatt sich auf die makellose Ausführung zu fixieren.

2. Umfassen Sie eine Wachstumsdichtung:

Kultivieren Sie eine Wachstumsanzeige und glauben, dass Ihre Fähigkeiten und Intelligenz durch Engagement und harte Arbeit entwickelt werden können. Nehmen Sie Herausforderungen als Möglichkeiten zum Lernen an, betrachten Sie Bemühungen als Weg zur Beherrschung und sehen Sie Rückschläge als natürlichen Teil des Lernprozesses.

3. sehen Herausforderungen als Chancen:

Ändern Sie Ihre Perspektive auf Herausforderungen. Anstatt sie als Hindernisse anzusehen, sehen Sie sie als Möglichkeiten für Wachstum und Lernen. Die Überwindung der Herausforderungen stärkt Ihre Belastbarkeit und trägt zur Entwicklung positiver Gewohnheiten bei.

4. Üben Sie Selbstmitgefühl:

Seien Sie freundlich zu sich selbst und üben Sie das Selbstmitgefühl. Verstehe, dass jeder Rückschläge und Kämpfe gegenübersteht. Gönnen Sie sich mit der gleichen Freundlichkeit und Ermutigung, die Sie einem Freund anbieten würden. Feiern Sie Ihre Erfolge und seien Sie in schwierigen Zeiten geduldig mit sich selbst.

5. Konzentrieren Sie sich auf Gewohnheiten, nicht auf Ergebnisse:

Verschieben Sie Ihren Fokus von der Verfolgung der Ergebnisse auf den Aufbau nachhaltiger Gewohnheiten. Verstehen Sie, dass konsequente, positive Gewohnheiten die Grundlage für den langfristigen Erfolg sind. Durch Priorisierung des Prozesses erhöhen Sie die Wahrscheinlichkeit, Ihre gewünschten Ergebnisse zu erzielen.

6. Sehen Sie Rückschläge als Lernmöglichkeiten:

Rahmen Rückschläge als wertvolle Lernmöglichkeiten neu. Analysieren Sie, was schief gelaufen ist, identifizieren Sie Bereiche für Verbesserungen und verwenden Sie Rückschläge als Feedback, um Ihren Ansatz zur Gewohnheitsbildung anzupassen und zu verfeinern.

7. Erstellen Sie identitätsbasierte Gewohnheiten:

Nehmen Sie eine identitätsbasierte Denkweise an, in der Sie Ihre Gewohnheiten mit der Person ausrichten, die Sie werden möchten. Überlegen Sie, wer Sie sein möchten, anstatt sich nur auf das zu konzentrieren, was Sie erreichen möchten. Gewohnheiten, die in der Identität verwurzelt sind, werden eher aufrechterhalten.

8. Entwickeln Sie eine positive Beziehung zum Wandel:

Veränderung als positive Kraft für das Wachstum. Anstatt Veränderung zu fürchten, sehen Sie es als Gelegenheit, sich zu entwickeln, sich anzupassen und eine bessere Version von sich selbst zu erstellen. Eine Denkweise, die Veränderungen begrüßt, macht die Gewohnheitsbildung flexibler und dynamischer.

9. Kultiviere eine positive Einstellung:

Fördern Sie eine positive Einstellung zu Herausforderungen und Chancen. Eine positive Einstellung kann Ihre Motivation und Ausdauer beeinflussen. Konzentrieren Sie sich auf das, was Sie kontrollieren können, Optimismus aufrechterhalten und die Gewohnheiten mit einer Can-Do-Haltung angehen können.

10. Wertkonsistenz über Intensität:

Priorisieren Sie die Konsistenz in Ihren Gewohnheiten gegenüber sporadischen, intensiven Bemühungen. Erkennen Sie, dass kleine, regelmäßige Aktionen im Laufe der Zeit zusammengesetzt sind und zu signifikanten Ergebnissen führen. Die Konsistenz baut Impuls auf und verstärkt das positive Verhalten.

11. Achtsamkeit üben:

Entwickeln Sie eine achtsame Denkweise, die im aktuellen
Moment vollständig präsent und bewusst sein wird. Achtsamkeit
kann Ihnen helfen, Ihre Gewohnheiten zu beobachten, Auslöser
zu verstehen und absichtliche Entscheidungen zu treffen,
wodurch eine größere Selbstbewusstsein auf Ihrer Reise fördert.

12. Hindernisse als vorübergehend anzeigen:

Sehen Sie Hindernisse eher als vorübergehende
Herausforderungen als als unüberwindliche Barrieren. Eine
Denkweise, die Hindernisse als vorübergehende Hürden ansieht,
fördert die Beharrlichkeit und Widerstandsfähigkeit angesichts
von Schwierigkeiten.

13. Schätzen Sie den Prozess:

Erfüllung im Prozess der Gewohnheit Bildung schätzen und finden.
Verstehen Sie, dass die Reise genauso wichtig ist wie das Ziel.
Indem Sie die kleinen Siege genießen und den Prozess genießen,
schaffen Sie einen positiven und nachhaltigen Ansatz für den
Aufbau von Gewohnheiten.

14. Verschiebung vom all-or-nichts-Denken:

Entfernen Sie sich von all-or-nichts-Denken, was den Fortschritt
behindern kann. Erkennen Sie, dass Perfektion nicht erforderlich
ist und gelegentliche Abweichungen von Ihren Gewohnheiten
Ihren Gesamterfolg nicht löschen. Nehmen Sie eine flexible
Denkweise an, die Unvollkommenheiten ermöglicht.

15. Erstellen Sie eine positive Umgebung:

Umgeben Sie sich mit einer positiven Umgebung, die Ihre Gewohnheiten unterstützt. Ihre Umgebung kann Ihre Denkweise erheblich beeinflussen. Vereinbaren Sie Ihr physisches und soziales Umfeld, um den Erfolg Ihrer gewünschten Gewohnheiten zu erleichtern.

16. Anerkennung und Herausforderung für die Begrenzung von Überzeugungen:

Identifizieren Sie und fordern Sie die Begrenzung von Überzeugungen heraus, die Ihren Gewohnheitserfolg behindern können. Ersetzen Sie das negative Selbstgespräch durch positive Affirmationen und Überzeugungen, die Sie befähigen, Herausforderungen zu bewältigen und Ihre Ziele zu erreichen.

17. Schätzen Sie die Reise genauso wie das Ziel:

Schätzen Sie die Reise der Gewohnheitsbildung, anstatt sich ausschließlich daran zu fixieren, Ihre Ziele zu erreichen. Jeder Schritt nach vorne trägt zum persönlichen Wachstum bei, und der Prozess selbst ist ein wesentlicher Bestandteil Ihres Erfolgs.

18. Priorisieren Sie die Selbstverbesserung:

Kultivieren Sie eine Denkweise kontinuierlicher Selbstverbesserung. Sehen Sie die Gewohnheiten als Mittel, um Ihr Wohlbefinden, Ihre Fähigkeiten und Ihr Wissen zu verbessern. Ein Engagement für kontinuierliches Wachstum fördert einen positiven und zukunftsorientierten Ansatz.

19. Feiern Sie kleine Siege:

Feiern und anerkennen kleine Siege auf dem Weg. Das Erkennen von Fortschritten, egal wie geringfügig, verstärkt das positive Verhalten und motiviert Sie, weiterhin auf Ihren Erfolgen aufzubauen.

20. Offen für Anpassung:

Nehmen Sie eine Denkweise an, die offen für Anpassung und Flexibilität ist. Das Leben ist dynamisch und die Umstände ändern sich. Anpassungsfähig zu sein, ermöglicht es Ihnen, Ihre Gewohnheiten anhand der sich entwickelnden Bedürfnisse und Herausforderungen anzupassen.

Durch die Übernahme dieser Mindset -Verschiebungen können Sie einen positiven und stärkeren mentalen Rahmen schaffen, der Ihren Weg zum Erfolg des Gewohnheits erfolgreich unterstützt. Die Art und Weise, wie Sie Herausforderungen, Rückschläge und Ihre eigenen Fähigkeiten wahrnehmen, beeinflusst Ihre Fähigkeit, positive Gewohnheiten aufzubauen und aufrechtzuerhalten.

A. eine Wachstumskontrolle kultivieren

Die Kultivierung einer Wachstumsanzeige beinhaltet die Entwicklung der Überzeugung, dass Ihre Fähigkeiten und Intelligenz durch Anstrengung, Lernen und Ausdauer entwickelt werden können. Diese Denkweise, die von der Psychologin Carol S. Dweck geprägt wurde, steht im Gegensatz zu einer festen Denkweise, die davon ausgeht, dass die Fähigkeiten angeboren und unveränderlich sind. Hier sind einige Strategien, um eine Wachstumsdichtung zu kultivieren:

1. Umfassen Herausforderungen:

Sehen Herausforderungen als Wachstumschancen und nicht als
Bedrohungen. Umfassen Sie Aufgaben, die Ihre Fähigkeiten
dehnen, und betrachten Schwierigkeiten als Chance, zu lernen
und zu verbessern.

2. Aus Kritik lernen:

Feedback und Kritik als wertvolle Verbesserung anzeigen. Anstatt
Kritik persönlich zu nehmen, sehen Sie es als Mittel, um
Entwicklungsbereiche zu identifizieren.

3. Anstrengung ist ein Weg zur Beherrschung:

Erkennen, dass Anstrengung ein Schlüsselfaktor für die Erreichung
der Meisterschaft ist. Verstehen Sie, dass anhaltende
Anstrengung, Praxis und Lernen zur Entwicklung und zum Erfolg
von Fähigkeiten beitragen.

4. Feiern Sie Anstrengungen, nicht nur Ergebnisse:

Feiern Sie den Prozess und die Anstrengung, die Sie unabhängig
vom unmittelbaren Ergebnis in Aufgaben ergreifen. Bestätigen Sie
die Reise und die Fortschritte auf dem Weg.

5. Betonen Sie das Lernen über die Leistung:

Verschieben Sie Ihren Fokus von dem Nachweis Ihrer Fähigkeiten
für sich und andere auf das Erlernen und Erwerb neuer
Fähigkeiten. Priorisieren Sie den Lernprozess vor dem Bedarf an
sofortigem Erfolg.

6. Neugierde anbauen:

Fördern Sie eine merkwürdige Einstellung, indem Sie versuchen, neue Konzepte zu verstehen und zu erkunden. Kultivieren Sie eine Liebe zum Lernen und die Bereitschaft, neue Dinge zu entdecken.

7. Sehenswürdigkeiten als Lernmöglichkeiten anzeigen:

Rahmen Rückschläge und Misserfolge als Lernmöglichkeiten neu. Analysieren Sie, was schief gelaufen ist, den Unterricht extrahieren und dieses Wissen in Zukunft verbessern und sich anpassen.

8. Bewerten Sie den Lernprozess:

Den Prozess des Lernens und der Entwicklung schätzen. Verstehen Sie, dass die Reise selbst bereichert ist und das Ziel ein Ergebnis des kontinuierlichen Lernens und der Verbesserung ist.

9. Verstehen Sie die Kraft von „Noch":

Fügen Sie Ihrem Wortschatz das Wort "noch" hinzu, wenn Sie mit Herausforderungen oder Fähigkeiten konfrontiert sind, die Sie nicht gemeistert haben. Zum Beispiel "Ich habe diese Fähigkeit noch nicht gemeistert." Diese einfache Ergänzung spiegelt einen Glauben an zukünftiges Wachstum und Potenzial wider.

10. Kultiviere eine Liebe zu Herausforderungen:

Entwickeln Sie eine Denkweise, die Herausforderungen eher als aufregend als entmutigend ansieht. Nutzen Sie Möglichkeiten, die Sie aus Ihrer Komfortzone in eine Zone produktiver Beschwerden drängen.

11. Bauen Sie Persistenz auf:

Förderung von Beharrlichkeit und Widerstandsfähigkeit
angesichts der Rückschläge. Verstehen Sie, dass Rückschläge Teil
des Lernprozesses sind und dass die Überwindung von Charakter
und Stärke aufbaut.

12. Umgeben Sie sich mit wachstumsorientierten Menschen:

Beschäftige dich mit Menschen, die eine Wachstumsdichtung
haben. Wenn Sie sich mit Personen umgeben, die das Lernen und
die Verbesserung schätzen, können Sie Ihre eigenen
wachstumsorientierten Überzeugungen verstärken.

13. Lernziele festlegen:

Setzen Sie sich Ziele, die sich darauf konzentrieren, neue
Kenntnisse und Fähigkeiten zu erwerben, anstatt nur bestimmte
Ergebnisse zu erzielen. Lernziele betonen den Wachstumsprozess.

14. Verwenden Sie Herausforderungen als Lernlabors:

Angehen Sie Herausforderungen als Möglichkeiten, Informationen
zu experimentieren, zu lernen und zu sammeln. Behandeln Sie sie
als reale Labors für Ihre persönliche und berufliche Entwicklung.

15. Entwickeln Sie eine langfristige Perspektive:

Kultivieren Sie eine langfristige Perspektive auf Ihre
Wachstumsreise. Verstehen Sie, dass die persönliche Entwicklung
ein kontinuierlicher Prozess ist, der sich im Laufe der Zeit
entfaltet.

16. Strategien überwachen und anpassen:

Bewerten Sie regelmäßig Ihre Strategien und Ansätze. Wenn etwas nicht funktioniert, seien Sie bereit, sich anzupassen und verschiedene Methoden auszuprobieren, um Ihr Lernen und Ihre Leistung zu verbessern.

17. Bewerten Sie den Erfolg anderer:

Feiern Sie den Erfolg anderer mit einer Wachstumsdeinde. Sehen Sie sich ihre Erfolge als Beweis für ihre Bemühungen und ihr Engagement an und lassen Sie sich inspirieren und motivieren.

18. Lernen Sie aus Vorbildern:

Identifizieren und lernen Sie von Personen, die eine Wachstumsdeduktion verkörpern. Studieren Sie ihre Ansätze zu Herausforderungen, Rückschlägen und kontinuierlichem Lernen.

19. Andere lehren:

Teilen Sie Ihr Wissen und Ihre Fähigkeiten mit anderen. Der Unterricht verstärkt Ihr eigenes Verständnis und betont die Idee, dass Fähigkeiten durch Teilen und Zusammenarbeit entwickelt werden können.

20. Überlegen Sie Ihre Lernreise:

Reflektieren Sie regelmäßig Ihre Lernreise. Betrachten Sie die Fortschritte, die Sie gemacht haben, die Herausforderungen, die Sie bewältigt haben, und die Lektionen, die Sie gelernt haben. Reflexion verstärkt eine wachstumsorientierte Denkweise.

Die Kultivierung einer Wachstumsdichtung ist ein fortlaufender Prozess, der absichtliche Anstrengungen, Selbstbewusstsein und ein Engagement für die Annahme von Herausforderungen als Möglichkeiten für Lernen und Entwicklung beinhaltet. Indem Sie diese Strategien in Ihre Denkweise einbeziehen, können Sie einen widerstandsfähigeren, anpassungsfähigeren und wachstumsorientierten Ansatz für Leben und Lernen fördern.

B. Begrenzende Überzeugungen ändern

Durch die Veränderung der einschränkenden Überzeugungen beinhaltet die Herausforderung und Auffrischung negativer Gedanken oder Überzeugungen, die das persönliche Wachstum und Erfolg behindern. Hier sind einige Schritte, die Sie unternehmen können, um Ihre Denkweise zu verändern und einschränkende Überzeugungen zu überwinden:

1. Identifizieren Sie einschränkende Überzeugungen:

Beginnen Sie damit, die einschränkenden Überzeugungen zu erkennen und zu identifizieren, die Sie möglicherweise zurückhalten. Diese Überzeugungen manifestieren sich oft als selbstkritische oder negative Gedanken über Ihre Fähigkeiten, Ihr Wert oder Ihr Potenzial.

2. Fragen Sie die Gültigkeit in Frage:

Fordern Sie die Gültigkeit Ihrer einschränkenden Überzeugungen heraus. Fragen Sie sich, ob diese Überzeugungen auf Fakten basieren oder ob es sich um Annahmen oder Interpretationen handelt. Oft werden einschränkende Überzeugungen in der Realität nicht geerdet.

3. Untersuchen Sie die Beweise:

Suchen Sie nach Beweisen, die Ihre einschränkenden Überzeugungen unterstützen oder widersprechen. Bewerten Sie vergangene Erfahrungen, Erfolge und Feedback, um eine ausgewogenere Perspektive auf Ihre Fähigkeiten zu erhalten.

4. Verstehen Sie den Ursprung:

Erforschen Sie den Ursprung Ihrer einschränkenden Überzeugungen. Denken Sie darüber nach, wo diese Überzeugungen entstanden sind, unabhängig davon, ob sie von früheren Erfahrungen, gesellschaftlichen Erwartungen oder externen Meinungen beeinflusst wurden.

5. Ersetzen Sie durch Ersatzaussagen:

Ersetzen Sie einschränkende Überzeugungen durch ermächtigende und positive Aussagen. Wenn Sie zum Beispiel glauben, "ich bin nicht gut genug", ersetzen Sie es durch "Ich bin fähig und verbessert sich ständig".

6. Üben Sie Selbstmitgefühl:

Kultivieren Sie das Selbstmitgefühl, indem Sie sich mit Freundlichkeit und Verständnis behandeln. Erkennen Sie, dass jeder Stärken und Schwächen hat und es in Ordnung ist, nicht perfekt zu sein.

7. Fordern Sie das negative Selbstgespräch heraus:

Achten Sie auf negative Selbstgespräche und fordern Sie sie heraus. Wenn Sie sich negativ nachdenken, ersetzen Sie diese Gedanken bewusst durch positivere und konstruktive.

8. Setzen Sie realistische Ziele:

Brechen Sie größere Ziele in kleinere, erreichbarere Schritte auf. Dies hilft, das Vertrauen aufzubauen und die Überzeugung herauszufordern, dass bestimmte Ziele unerreichbar sind.

9. Suchen Sie Gegenbeispiele:

Identifizieren Sie Instanzen in Ihrem Leben, in denen Sie sich Ihren einschränkenden Überzeugungen widersetzt haben. Diese Gegenbeispiele dienen als Beweis, die den negativen Gedanken widersprechen, die Sie über sich selbst halten können.

10. Erfolg visualisieren:

Verwenden Sie Visualisierungstechniken, um sich vorzustellen, dass Sie Herausforderungen erfolgreich sind und sie bewältigen. Visualisierung kann dazu beitragen, Ihr Gehirn wieder zu verdraht und ein positives mentales Bild Ihrer Fähigkeiten zu erzeugen.

11. Umgeben Sie sich mit Positivität:

Umgeben Sie sich mit positiven Einflüssen, unterstützenden Einzelpersonen und Umgebungen, die eine Wachstumsanzeige fördern. Positive Einflüsse können dazu beitragen, den Einflüssen der Einschränkung der Überzeugungen entgegenzuwirken.

12. Affirmationen:

Verwenden Sie positive Affirmationen, um eine optimistischere Denkweise zu verstärken. Wiederholen Sie regelmäßig Affirmationen, die Ihre einschränkenden Überzeugungen herausfordern und ersetzen.

13. Ergreifen Sie inkrementelle Schritte:

Setzen Sie sich allmählich Situationen aus, die Ihre einschränkenden Überzeugungen herausfordern. Machen Sie kleine Schritte, um Vertrauen aufzubauen und sich selbst zu beweisen, dass Sie in der Lage sind, Hindernisse zu überwinden.

14. Kultivieren Sie eine Wachstumsanzeige:

Nehmen Sie eine Wachstumsdichtung an, indem Sie an Ihre Fähigkeit glauben, zu lernen, sich anzupassen und sich zu verbessern. Verstehen Sie, dass Intelligenz und Fähigkeiten nicht festgelegt sind, sondern mit Anstrengung und Ausdauer entwickelt werden können.

15. Unterstützung suchen:

Teilen Sie Ihre einschränkenden Überzeugungen mit einem vertrauenswürdigen Freund, Mentor oder Trainer. Wenn Sie Unterstützung und Feedback von anderen suchen, können Sie neue Perspektiven und Ermutigung bieten.

16. Konzentrieren Sie sich auf Lösungen:

Schalten Sie Ihren Fokus auf die Suche nach Lösungen. Entwickeln Sie eine Denkweise zur Problemlösung, die Sie befähigt, Maßnahmen zu ergreifen, anstatt sich festgefahren zu fühlen.

17. Journaling:

Halten Sie ein Tagebuch, um Ihre Gedanken, Emotionen und Herausforderungen aufzuzeichnen. Verwenden Sie es als Werkzeug für die Selbstreflexion und verfolgen Sie Ihren Fortschritt bei der Änderung der Grenzüberzeugungen.

18. Achtsamkeit und Meditation:

Üben Sie Achtsamkeit und Meditation, um sich Ihrer Gedanken bewusster zu werden und einen mentalen Raum zu schaffen, an dem Sie die Begrenzung der Überzeugungen herausfordern und neu formieren können.

19. Erfolge feiern:

Feiern Sie Ihre Erfolge, egal wie klein. Erkennen Sie Ihre Erfolge an und verwenden Sie sie als Beweise, die einschränkende Überzeugungen widersprechen.

20. Professionelle Hilfe:

Betrachten Sie die Unterstützung eines Therapeuten, Beraters oder Coachs, der Anleitung und Unterstützung bei der Herausforderung und Änderung der begrenzten Überzeugungen liefern kann.

Die Veränderung der Begrenzungsüberzeugungen ist ein Prozess, der Selbstbewusstsein, Anstrengung und Engagement erfordert. Indem Sie negative Gedanken aktiv herausfordern und neu gestalten, können Sie eine stärker ermächtigende Denkweise schaffen, die Ihr persönliches Wachstum und Erfolg unterstützt.

C. Visualisierung und positive Affirmationen

Visualisierung und positive Affirmationen sind leistungsstarke Werkzeuge, mit denen eine positive Einstellung fördert, das Selbstvertrauen fördert und das persönliche Wachstum fördert. Hier ist ein Überblick über jede Technik:

Visualisierung: Was ist Visualisierung?

Die Visualisierung, auch als mentale Bilder oder mentale Probe bezeichnet, beinhaltet die Erstellung von lebhaften mentalen Bildern spezifischer Situationen, Ereignisse oder Ergebnisse. Es ist eine Technik, bei der sich Einzelpersonen sich mental vorstellen, um ihre Ziele erfolgreich zu machen oder zu erreichen.

Wie man Visualisierung übt:

Setzen Sie klare Ziele: Definieren Sie klar das spezifische Ziel oder Ergebnis, das Sie visualisieren möchten.

Finden Sie einen ruhigen Raum: Wählen Sie einen ruhigen und komfortablen Raum, in dem Sie nicht gestört werden.

Entspannung: Atmen Sie ein paar tiefe Atemzüge, um Ihren Körper zu entspannen und Ihren Geist zu beruhigen.

Erstellen Sie mentale Bilder: Schließen Sie die Augen und stellen Sie sich lebhaft vor, dass Sie Ihr Ziel erreichen. Stellen Sie sich die Details, Emotionen und Empfindungen vor, die mit dem Erfolg verbunden sind.

Gehen Sie alle Sinne ein: Gehen Sie so viele Sinne wie möglich ein. Fühlen Sie die Texturen, hören Sie die Geräusche und erleben Sie die mit Ihrem Erfolg verbundenen Emotionen.

Wiederholung: Üben Sie regelmäßig die Visualisierung, idealerweise täglich, um die positiven Bilder in Ihrem Kopf zu verstärken.

Bleiben Sie positiv: Konzentrieren Sie sich auf positive Aspekte und visualisieren Sie den Prozess der Erreichung Ihrer Ziele und nicht nur auf das Endergebnis.

Vorteile der Visualisierung:

Verbessertes Vertrauen: Die Visualisierung hilft beim Aufbau von Vertrauen, indem er den Erfolg mental einstudiert.

Erhöhte Motivation: Es kann die Motivation erhöhen, indem sie ein mentales Bild der Belohnungen und Vorteile der Erreichung Ihrer Ziele schaffen.

Verbesserte Leistung: Sportler und Darsteller verwenden häufig die Visualisierung, um ihre Leistung zu verbessern, indem sie ihre Fähigkeiten geistig üben.

Positive Affirmationen: Was sind positive Affirmationen?

Positive Affirmationen sind positive Aussagen oder Phrasen, die regelmäßig wiederholt werden, um eine positive und optimistische Einstellung zu fördern. Sie sollen selbstsabotierende und negative Gedanken herausfordern und überwinden.

Wie man positive Affirmationen praktiziert:

Identifizieren Sie einschränkende Überzeugungen: Identifizieren Sie negative Überzeugungen oder Gedanken, die Sie herausfordern möchten.
Stellen Sie positive Aussagen zu: Erstellen Sie positive Affirmationen, die negative Überzeugungen entgegenwirken. Wenn Sie beispielsweise mit Selbstzweifeln zu kämpfen haben, könnte eine Bestätigung "Ich bin zuversichtlich und fähig" sein.
Wiederholen Sie regelmäßig: Wiederholen Sie die Affirmationen konsequent, idealerweise täglich. Sie können sie laut oder lautlos zu sich selbst sagen.

Glauben Sie an die Bestätigungen: Wenn Sie die Bestätigungen wiederholen, versuchen Sie, wirklich an die positiven Aussagen zu glauben, die Sie machen.
Visualisieren Sie die Affirmationen: Kombinieren Sie positive Affirmationen mit der Visualisierung, indem Sie sich die Wahrheit der Aussagen vorstellen, wie Sie sie sagen.

Vorteile positiver Affirmationen:

Verschiebung der Denkweise: Positive Affirmationen helfen dabei, Ihre Denkweise von negativ auf positiv zu verändern.
Erhöhtes Selbstwertgefühl: Der regelmäßige Einsatz von Affirmationen kann das Selbstwertgefühl und das Selbstwert steigern.
Stressreduzierung: Affirmationen können zur Stressreduzierung

und zur Verbesserung des geistigen Wohlbefindens beitragen.

Tipps für eine effektive Visualisierung und positive Affirmationen:

Seien Sie spezifisch: Definieren Sie Ihre Ziele und Bestätigungen klar, um einen besseren Fokus zu erhalten.

Verwenden Sie die Gegenwart: Phrase -Affirmationen in der Gegenwart, um ein Gefühl der Unmittelbarkeit zu verstärken.

Emotionen einbeziehen: Sowohl Visualisierung als auch Affirmationen sollten positive Emotionen hervorrufen.

Kombinieren Sie die Techniken: Verwenden Sie die Visualisierung und positive Affirmationen zusammen, um eine stärkere Wirkung zu erzielen.

Konsistenz ist der Schlüssel: Üben Sie regelmäßig, um langfristige Vorteile zu erzielen.

Durch die Einbeziehung von Visualisierung und positiven Affirmationen in Ihre tägliche Routine können Sie Ihre Gedankenmuster neu umgeben, eine positive Einstellung pflegen und auf die Erreichung Ihrer Ziele mit zunehmendem Vertrauen und Entschlossenheit arbeiten.

Xi. Gemeinsame Herausforderungen überwinden

Die Überwindung häufiger Herausforderungen bei der Bildung von Gewohnheiten und der persönlichen Entwicklung ist für den langfristigen Erfolg von entscheidender Bedeutung. Hier sind einige Strategien, um einige häufige Herausforderungen zu bewältigen:

1. Mangel an Motivation:

Teilen Sie Ihre Ziele in kleinere, überschaubare Aufgaben ein. Finden Sie Ihr "Warum" - Identifizieren Sie die tieferen Gründe für Ihre Ziele. Visualisieren Sie die Vorteile und Ergebnisse, um die Motivation neu zu entfachen.

2. Aufschub:

Aufgaben in kleinere, überschaubare Schritte zerlegen. Verwenden Sie die "zweiminütige Regel"-Wenn eine Aufgabe weniger als zwei Minuten dauert, tun Sie es sofort. Stellen Sie spezifische Fristen fest und priorisieren Sie Aufgaben.

3. überwältigen:

Priorisieren Sie Aufgaben und konzentrieren Sie sich nach dem anderen. Brechen Sie größere Ziele in kleinere, umsetzbare Schritte ein. Lernen Sie, Nein zu sagen, um nicht zu viel auf einmal zu übernehmen.

4. Mangel an Disziplin:

Bauen Sie die Disziplin allmählich auf, indem Sie mit kleinen Gewohnheiten beginnen. Verwenden Sie visuelle Hinweise und Erinnerungen. Erstellen Sie eine Routine und halten Sie sich daran. Halten Sie sich durch Verfolgung und Selbstreflexion zur

Rechenschaft.

5. Negatives Selbstgespräch:

Fordern Sie negative Gedanken mit positiven Affirmationen heraus. Übe Selbstmitgefühl und verwende dich mit Freundlichkeit. Umgeben Sie sich mit positiven Einflüssen und unterstützenden Personen.

6. Zeitmanagementprobleme:

Priorisieren Sie Aufgaben basierend auf Bedeutung und Dringlichkeit. Verwenden Sie Zeitblockierungstechniken, um bestimmte Zeitfenster für verschiedene Aktivitäten zuzuweisen. Setzen Sie realistische Fristen und vermeiden Sie Multitasking.

7. Mangel an Rechenschaftspflicht:

Teilen Sie Ihre Ziele mit einem Freund, einem Familienmitglied oder einem Kollegen. Erwägen Sie, einen Partner der Rechenschaftspflicht zu finden. Verwenden Sie Tools wie Habit-Tracking-Apps, um Ihren Fortschritt zu überwachen.

8. Angst vor Versagen:

Das Scheitern als Lernmöglichkeit neu gestalten. Zeugen Sie die Angst in spezifische Bedenken auf und richten Sie sie nacheinander an. Feiern Sie kleine Siege, um Vertrauen aufzubauen.

9. Perfektionismus:

Nehmen Sie eine Denkweise von Fortschritten über die Perfektion ein. Realistische Erwartungen setzen. Konzentrieren Sie sich eher auf den Prozess als auf das Endergebnis. Akzeptieren Sie, dass

Fehler ein natürlicher Bestandteil von Lernen und Wachstum sind.

10. Ablenkungen:

Identifizieren und minimieren Sie Ablenkungen in Ihrer Umgebung. Verwenden Sie Techniken wie die Pomodoro -Technik für fokussierte Arbeiten. Übe Achtsamkeit, um präsent und fokussiert zu bleiben.

11. Mangel an klaren Zielen:

Definieren Sie spezifische, messbare, erreichbare, relevante und zeitgebundene (intelligente) Ziele. Brechen Sie größere Ziele in kleinere, umsetzbare Schritte auf. Überprüfen Sie regelmäßig Ihre Ziele und passen Sie Ihre Ziele nach Bedarf an.

12. Burnout:

Priorisieren Sie die Selbstversorgung und pflegen Sie eine gesunde Work-Life-Balance. Machen Sie bei Bedarf Pausen. Wenn möglich Aufgaben delegieren. Setzen Sie realistische Erwartungen und lernen Sie, Anzeichen von Burnout zu erkennen.

13. Inkonsistenz:

Stellen Sie eine Routine her und halten Sie sich daran. Beginnen Sie mit kleinen, überschaubaren Gewohnheiten. Verwenden Sie Habit-Tracking-Tools, um die Konsistenz zu überwachen. Konzentrieren Sie sich auf Fortschritte, nicht auf Perfektion.

14. Externer Druck:

Mitteln Sie Ihre Ziele und Grenzen mit anderen. Lerne nein, wenn nötig. Wenn möglich Aufgaben delegieren. Konzentrieren Sie sich auf das, was Sie kontrollieren können.

15. Mangel an Unterstützung:

Suchen Sie sich Unterstützung von Freunden, Familie oder einer Gemeinschaft mit ähnlichen Zielen. Verbinden Sie sich online mit gleichgesinnten Personen. Erwägen Sie, sich einer Selbsthilfegruppe anzuschließen oder einen Mentor zu finden.

16. Ungeduld:

Verstehe, dass Gewohnheitsbildung Zeit braucht. Feiern Sie auf dem Weg kleine Siege. Übe Achtsamkeit, um die Reise zu sein und die Reise zu schätzen.

17. Unrealistische Erwartungen:

Setzen Sie realistische und erreichbare Ziele. Brechen Sie größere Ziele in kleinere Schritte auf. Passen Sie Ihre Erwartungen anhand Ihrer aktuellen Umstände und Ressourcen an.

18. Mangel an Selbstvertrauen:

Konzentrieren Sie sich darauf, Vertrauen durch kleine Siege aufzubauen. Erkennen und feiern Sie Ihre Erfolge. Umgeben Sie sich mit positiven Einflüssen. Suchen Sie Feedback und verwenden Sie es als Verbesserungsinstrument.

19. Widerstand gegen Veränderung:

Die Vorteile von Veränderungen verstehen. Beginnen Sie mit kleinen, allmählichen Änderungen. Konzentrieren Sie sich auf die positiven Ergebnisse und das persönliche Wachstum, das mit der Annahme von Veränderungen verbunden ist.

20. Vergleiche sich mit anderen:

Verschieben Sie Ihren Fokus nach innen. Vergleichen Sie sich eher mit Ihrem vergangenen Selbst als mit anderen. Umfassen Sie Ihre einzigartige Reise und feiern Sie Ihre eigenen Fortschritte.

Denken Sie daran, dass die Überwindung von Herausforderungen ein fortlaufender Prozess ist und was für eine Person funktioniert, die möglicherweise nicht für eine andere funktioniert. Experimentieren Sie mit unterschiedlichen Strategien, seien Sie mit sich selbst geduldig und passen Sie Ihren Ansatz nach Bedarf an, um die Hindernisse auf Ihrer persönlichen Entwicklungsreise zu steuern.

A. Umgang mit Zögern

Aufschub ist eine häufige Herausforderung, aber es gibt wirksame Strategien, um sie zu überwinden und die Produktivität zu verbessern. Hier sind einige Tipps zum Aufschieben:

1. Verstehen Sie die Grundursache:

Identifizieren Sie die zugrunde liegenden Gründe für den Aufschub. Es könnte Angst vor Versagen, mangelnder Motivation oder überwältigtes Gefühl sein. Das Verständnis der Grundursache hilft Ihnen, sie effektiver anzusprechen.

2. Aufgaben in kleinere Schritte zerlegen:

Teilen Sie größere Aufgaben in kleinere, überschaubare Schritte. Dies macht das Gesamtziel weniger einschüchternd und ermöglicht es Ihnen, jeweils einen Schritt zu konzentrieren.

3. Setzen Sie spezifische Ziele:

Definieren Sie Ihre Ziele klar anhand der intelligenten Kriterien (spezifisch, messbar, erreichbar, relevant, zeitgebunden). Spezifische Ziele bieten eine klare Richtung und erleichtern die Maßnahmen.

4. Erstellen Sie eine To-Do-Liste:

Erstellen Sie eine detaillierte To-Do-Liste, in der Ihre Aufgaben beschrieben werden. Priorisieren Sie die Elemente auf Ihrer Liste und stellen Sie sie nacheinander an. Das Abwickeln erledigter Aufgaben bietet ein Gefühl der Leistung.

5. Verwenden Sie Zeitmanagementtechniken:

Erforschen Sie Zeitmanagementmethoden wie die Pomodoro-Technik (25 Minuten arbeiten und dann eine 5-minütige Pause einlegen) oder zeitliche Blockierung (Zuweisung bestimmter Zeitfenster für verschiedene Aufgaben).

6. Setzen Sie Termine:

Stellen Sie realistische Fristen für Ihre Aufgaben fest. Ein Zeitrahmen schafft ein Gefühl der Dringlichkeit und fördert zeitnahes Handeln.

7. Ablenkungen beseitigen:

Identifizieren und minimieren Sie Ablenkungen in Ihrer Umgebung. Schalten Sie Benachrichtigungen aus, erstellen Sie einen dedizierten Arbeitsbereich und verwenden Sie bei Bedarf Website -Blocker oder Produktivitäts -Apps.

8. Visualisieren Sie das Endergebnis:

Stellen Sie sich die positiven Ergebnisse und Vorteile der Erfüllung der Aufgabe vor. Visualisierung kann die Motivation erhöhen und das Ziel erreichbar erscheinen lassen.

9. eine Routine festlegen:

Entwickeln Sie eine konsistente tägliche Routine. Wenn Sie einen festgelegten Zeitplan haben, können Sie die Gewohnheit erstellen, die Aufgaben zu bestimmten Zeiten zu starten und zu erledigen.

10. Beginnen Sie mit der einfachsten Aufgabe:

Beginnen Sie Ihren Tag, indem Sie die einfachste oder angenehmste Aufgabe auf Ihrer To-Do-Liste angehen. Dies kann Schwung verursachen und es einfacher machen, auf anspruchsvollere Aufgaben umzugehen.

11. Verwenden Sie die zweiminütige Regel:

Wenn eine Aufgabe weniger als zwei Minuten dauert, um sie abzufillern, tun Sie es sofort. Dies verhindert, dass kleine Aufgaben sich ansammeln und überwältigend werden.

12. Belohnen Sie sich:

Legen Sie ein Belohnungssystem für die Erledigung von Aufgaben ein. Gönnen Sie sich etwas angenehmes, nachdem Sie eine Reihe von Aufgaben ausgeführt haben, um das positive Verhalten zu verstärken.

13. Finden Sie einen Partner der Rechenschaftspflicht:

Teilen Sie Ihre Ziele und Fristen mit jemandem, der Sie zur
Rechenschaft ziehen kann. Zu wissen, dass jemand anderes Ihre
Verpflichtungen bewusst ist, kann die Motivation steigern.

14. Ändern Sie Ihre Umgebung:

Wenn Sie sich in einer Aufschubschleife befinden, ändern Sie Ihre
Umgebung. Gehen Sie in einen anderen Raum oder einen anderen
Arbeitsbereich, um eine neue Perspektive zu schaffen.

15. Angst und Perfektionismus konfrontieren:

Ängste und konfrontieren Ängste im Zusammenhang mit dem
Versagen oder der Verfolgung von Perfektion. Verstehe, dass es in
Ordnung ist, Fehler zu machen und dass unvollkommene
Maßnahmen besser sind, als überhaupt keine Maßnahmen zu
ergreifen.

16. Verwenden Sie die "Eisenhower Matrix":

Priorisieren Sie Aufgaben mithilfe der Eisenhower -Matrix, die
Aufgaben in vier Quadranten basierend auf Dringlichkeit und
Wichtigkeit kategorisiert. Konzentrieren Sie sich zuerst auf
Aufgaben mit hoher Priorität.

17. Rechenschaftspflicht von anderen suchen:

Teilen Sie Ihre Ziele mit Freunden, Familienmitgliedern oder
Kollegen, die Ermutigung und Rechenschaftspflicht bieten
können. Zu wissen, dass andere Ihre Ziele bewusst sind, kann Sie
motivieren, auf dem richtigen Weg zu bleiben.

18. Nachdenken über Folgen:

Berücksichtigen Sie die Folgen eines anhaltenden Aufschubs. Denken Sie darüber nach, wie sich die Verzögerung von Aufgaben auf Ihre Ziele, Ihr Wohlbefinden oder Ihr Gesamtfortschritt auswirken kann.

19. Selbstmitgefühl üben:

Seien Sie freundlich zu sich selbst und üben Sie das Selbstmitgefühl. Verstehe, dass jeder manchmal zögert und es in Ordnung ist. Konzentrieren Sie sich darauf, positive Veränderungen voranzutreiben.

20. Suchen Sie bei Bedarf professionelle Hilfe:

Wenn sich die Aufschub erheblich auf Ihr Leben und Ihre Ziele auswirkt, in Betracht, die Anleitung eines Therapeuten oder Trainers zu suchen, der Strategien und Unterstützung anbieten kann.

Denken Sie daran, dass die Überwindung des Aufschubs ein allmählicher Prozess ist und das Finden der Strategien, die für Sie am besten geeignet sind, möglicherweise einige Experimente erfordern. Durch konsequentes Implementieren dieser Techniken können Sie bessere Gewohnheiten entwickeln und Ihre Fähigkeit erhöhen, Aufgaben rechtzeitig anzugehen.

B. Stress und Selbstzweifel bewältigen

Das Management von Stress und Selbstzweifel ist entscheidend für die Aufrechterhaltung des geistigen Wohlbefindens und des Erreichens des persönlichen und beruflichen Erfolgs. Hier sind einige Strategien, um mit Stress umzugehen und Selbstzweifel zu überwinden:

Stressfaktoren identifizieren:

Erkennen und identifizieren Sie die Stressquellen in Ihrem Leben. Das Verstehen, was Stress auslöst, ermöglicht es Ihnen, die Grundursachen anzugehen.

Üben Sie Achtsamkeit und Meditation:

Nehmen Sie Achtsamkeit und Meditation ein, um präsent zu bleiben und Stress zu reduzieren. Diese Praktiken helfen dabei, den Geist zu beruhigen und die Entspannung zu fördern. Tiefe Atemübungen:

Üben Sie tiefe Atemübungen, um Ihr Nervensystem sofort zu beruhigen. Konzentrieren Sie sich auf langsame, tiefe Atemzüge, um Stress und Angst zu lindern.

Regelmäßige körperliche Aktivität:

Integrieren Sie regelmäßige Bewegung in Ihre Routine. Körperliche Aktivität hat sich als Vorteile für die Reduzierung von Stress und die Verbesserung der Stimmung nachgewiesen.

Gesunde Gewohnheiten festlegen:

Priorisieren Sie guten Schlaf, eine ausgewogene Ernährung und Feuchtigkeit. Ein gesunder Lebensstil trägt zum besseren Stressmanagement bei.

Setzen Sie realistische Ziele:

Brechen Sie größere Ziele in kleinere, erreichbare Schritte auf. Das realistische Zieleinstellung verringert das Gefühl, überwältigt zu werden.

Zeiteinteilung:

Priorisieren Sie Aufgaben, verwenden Sie Zeitmanagementtechniken und erstellen Sie einen Zeitplan, um zu vermeiden, dass Sie sich gehetzt und gestresst fühlen.

Lerne nein zu sagen:

Setzen Sie Grenzen und lernen Sie, wenn nötig Nein zu sagen. Überbefestigung kann zu einem erhöhten Stress führen.

Sozialhilfe:

Suchen Sie Unterstützung von Freunden, Familie oder einem Unterstützungsnetzwerk. Das Teilen Ihrer Gefühle kann emotionale Erleichterung liefern.

Suchen Sie professionelle Hilfe:

Wenn Stress überwältigend wird, sollten Sie eine Anleitung eines psychiatrischen Fachmanns suchen.

Überwindung von Selbstzweifeln: Fordern Sie negative Gedanken heraus:

Identifizieren und herausfordern Sie selbst selbstverdoppende Gedanken. Ersetzen Sie negative Gedanken durch positivere und konstruktive.

Erleichterungen anerkennen:

Erkennen und feiern Sie regelmäßig Ihre Erfolge, egal wie klein. Das Erkennen Ihrer Erfolge schafft Vertrauen.

Konzentrieren Sie sich auf Stärken:

Identifizieren und konzentrieren Sie sich auf Ihre Stärken und früheren Erfolge. Erinnern Sie sich an Ihre Fähigkeiten.

Setzen Sie realistische Erwartungen:

Stellen Sie realistische Erwartungen für sich selbst fest. Perfektion ist nicht erreichbar, und das Setzen erreichbarer Ziele verringert sich selbstzweifel.

Positive Affirmationen:

Verwenden Sie positive Affirmationen, um eine positive Einstellung zu verstärken. Wiederholen Sie Aussagen, die Selbstzweifel herausfordern und Selbstvertrauen aufbauen.

Visualisierung:

Visualisieren Sie sich erfolgreich und erreichen Sie Ihre Ziele. Diese geistige Probe kann das Vertrauen stärken und Selbstzweifel verringern.

Suchen Sie konstruktives Feedback:

Suchen Sie nach Feedback von anderen, um eine objektivere Perspektive zu erhalten. Konstruktives Feedback kann Einblicke in Ihre Stärken und Verbesserungsbereiche geben.

Aus Fehlern lernen:

Sehen Sie sich Fehler als Möglichkeiten für Lernen und Wachstum an. Verstehen Sie, dass jeder Fehler macht und Sie Ihren Wert oder Ihre Fähigkeiten nicht definieren.

Umgeben Sie sich mit Positivität:

Umgeben Sie sich mit positiven Einflüssen und unterstützenden Personen. Wählen Sie Beziehungen, die Sie erheben, und ermutigen Sie.

Selbstmitgefühl:

Üben Sie das Selbstmitgefühl, indem Sie sich mit Freundlichkeit und Verständnis behandeln. Seien Sie sich selbst so unterstützend wie Sie für einen Freund, der sich mit ähnlichen Herausforderungen gegenübersieht.

Setzen Sie inkrementelle Ziele:

Brechen Sie größere Ziele in kleinere, überschaubare Schritte ein. Das Erreichen kleinerer Meilensteine erhöht das Vertrauen und verringert sich selbst.

Fälsche es, bis du es machst:

Handeln Sie mit Zuversicht, auch wenn Sie es anfangs nicht fühlen. Ein sicheres Auftreten kann sich auf Ihre Denkweise positiv auswirken.

Nehmen Sie das Scheitern als Lernmöglichkeit an:

Verstehen Sie, dass das Scheitern ein natürlicher Bestandteil des Lernprozesses ist. Nehmen Sie es als Chance für Wachstum und Verbesserung ein.

Tagebuch schreiben:

Behalten Sie ein Tagebuch, um über Ihre Leistungen, Herausforderungen und Gefühle nachzudenken. Journaling kann

Ihnen helfen, die Perspektive zu gewinnen und Ihre persönliche
Entwicklung zu verfolgen.

Positive Visualisierung:

Verwenden Sie eine positive Visualisierung, um sich erfolgreiche
Ergebnisse vorzustellen. Visualisierungserfolg verstärkt eine
positive Einstellung.

Umgeben sich mit unterstützenden Menschen:

Bauen Sie ein unterstützendes Netzwerk von Freunden,
Familienmitgliedern oder Mentoren auf, die Ihre Fähigkeiten
ermutigen und an Ihre Fähigkeiten glauben.

Neue Fähigkeiten erlernen:

Das Erwerb neuer Fähigkeiten und Kenntnisse kann Ihr Vertrauen
stärken. Kontinuierliches Lernen trägt zum persönlichen und
beruflichen Wachstum bei.

Machen Sie Pausen und üben Sie Selbstpflege:

Erlauben Sie sich bei der regelmäßigen Person und üben Sie die
Selbstpflege. Wenn Sie sich um Ihr Wohlbefinden kümmern,
verbessert die Belastbarkeit und Selbstsicherheit.

Kognitive Verhaltenstherapie (CBT):

Betrachten Sie die kognitive Verhaltens-Therapie, einen
therapeutischen Ansatz, der den Einzelpersonen hilft, negative
Gedankenmuster zu identifizieren und zu verändern.

Feiern Sie Fortschritte, nicht Perfektion:

Verschieben Sie Ihren Fokus von der Erreichung der Perfektion zum Feiern von Fortschritten. Erkennen Sie, dass persönliches Wachstum eine kontinuierliche Reise ist.

Die Kombination dieser Strategien kann Ihnen helfen, effektiv Stress zu bewältigen und Selbstzweifel zu überwinden, was zu einer positiveren und belastbareren Denkweise führt. Denken Sie daran, dass das Aufbau von Vertrauen und Belastbarkeit ein schrittweise Prozess ist und die Konsistenz der Schlüssel ist.

C. Anpassung an Veränderung und belastbar bleiben

Die Anpassung an Veränderungen und Förderung der Widerstandsfähigkeit sind wesentliche Fähigkeiten, um die Herausforderungen und Unsicherheiten des Lebens zu navigieren. Hier sind einige Strategien, mit denen Sie sich an Veränderungen anpassen und Ihre Widerstandsfähigkeit verbessern können:

Anpassung an Veränderung: Umarmen Sie eine Wachstumsdeduktion:

Nehmen Sie eine Wachstumsdichtung an, die Herausforderungen als Möglichkeiten für Lernen und Wachstum sieht. Nehmen Sie die Idee an, dass Veränderungen zu einer persönlichen Entwicklung führen können.

Bleib flexibel:

Flexibilität und Offenheit für neue Ideen kultivieren. Seien Sie bereit, Ihre Pläne und Strategien als Reaktion auf sich ändernde Umstände anzupassen.

Konzentrieren Sie sich auf das, was Sie kontrollieren können:

Identifizieren Sie Aspekte einer Situation, die Sie kontrollieren und Ihre Energie und Bemühungen auf diese Bereiche konzentrieren können. Akzeptieren Sie, dass einige Dinge Ihrer Kontrolle hinausgehen.

Große Veränderungen aufschlüsseln:

Wenn Sie sich einer signifikanten Veränderung gegenübersehen, zeugen Sie es in kleinere, überschaubare Schritte. Dies macht den Prozess weniger überwältigend und ermöglicht eine allmähliche Anpassung.

Finden Sie den Silberstreifen:

Suchen Sie nach den positiven Aspekten des Wandels. Identifizieren Sie potenzielle Möglichkeiten oder Vorteile, die sich aus einer neuen Situation ergeben können.

Erstellen Sie ein Unterstützungssystem:

Umgeben Sie sich mit einem unterstützenden Netzwerk von Freunden, Familienmitgliedern oder Kollegen, die in Zeiten des Wandels Anleitung und Ermutigung anbieten können.

Lernmöglichkeiten suchen:

Sehen Sie sich Veränderungen als Gelegenheit an, neue Fähigkeiten zu erlernen und zu erwerben. Seien Sie neugierig und offen für Kenntnisse in Bereichen im Zusammenhang mit der Veränderung.

Bleiben Sie positiv und optimistisch:

Behalten Sie einen positiven Ausblick auf und pflegen Sie den Optimismus. Konzentrieren Sie sich auf die Möglichkeiten und potenziellen positiven Ergebnisse, die mit Veränderungen verbunden sind.

Bewältigungsstrategien entwickeln:

Identifizieren Sie gesunde Bewältigungsmechanismen, die für Sie funktionieren, wie Achtsamkeit, Bewegung oder kreative Verkaufsstellen. Diese Strategien können dazu beitragen, Stress in Zeiten des Wandels zu verwalten.

Lernen Sie aus früheren Erfahrungen:

Denken Sie darüber nach, wie Sie in der Vergangenheit erfolgreich Veränderungen navigiert haben. Nutzen Sie diese Erfahrungen, um Vertrauen in Ihre Anpassungsfähigkeit aufzubauen.

Aufbau Resilienz: Kultivieren Sie ein starkes Unterstützungssystem:

Pflege Beziehungen zu Freunden, Familie und Kollegen, die emotionale Unterstützung und Ermutigung bieten. Ein starkes Unterstützungssystem verbessert die Belastbarkeit.

Entwickeln Sie Fähigkeiten zur Problemlösung:

Stärken Sie Ihre Fähigkeit, Probleme zu lösen, indem Sie sie in überschaubare Schritte zerlegen. Konzentrieren Sie sich darauf, praktische Lösungen zu finden, anstatt sich über die Herausforderungen zu befassen.

Übe Selbstmitgefühl:

Gönnen Sie sich in herausfordernden Zeiten mit Freundlichkeit und Verständnis. Vermeiden Sie Selbstkritik und erkennen Sie, dass Rückschläge ein natürlicher Teil des Lebens sind.

Einen gesunden Lebensstil beibehalten:

Priorisieren Sie die Selbstversorgung, indem Sie genügend Schlaf bekommen, eine ausgewogene Ernährung essen und regelmäßig körperliche Aktivität eingehen. Ein gesunder Lebensstil trägt zur allgemeinen Widerstandsfähigkeit bei.

Ein Gefühl des Zwecks kultivieren:

Identifizieren Sie Ihre Werte und setzen Sie aussagekräftige Ziele. Ein Gefühl des Zwecks kann in schwierigen Zeiten Motivation und eine breitere Perspektive vermitteln.

Emotionales Bewusstsein entwickeln:

Bauen Sie emotionale Intelligenz auf, indem Sie Ihre Emotionen bewusst werden und verstehen. Mit diesem Bewusstsein können Sie mit größerer Belastbarkeit Herausforderungen steuern.

Üben Sie Achtsamkeit und Entspannungstechniken:

Integrieren Sie Achtsamkeits- und Entspannungsübungen in Ihre Routine. Techniken wie tiefes Atmen oder Meditation können dazu beitragen, Stress zu bewältigen und die Widerstandsfähigkeit zu verbessern.

Setzen Sie realistische Erwartungen:

Stellen Sie realistische Erwartungen für sich selbst fest. Verstehe, dass nicht alles nach Plan verlaufen wird, und das ist in Ordnung.

Anpassungsfähigkeit aufbauen:

Stärken Sie Ihre Fähigkeit, sich an verschiedene Situationen anzupassen. Nehmen Sie Veränderungen als unvermeidlicher Bestandteil des Lebens an und entwickeln Sie eine Denkweise, die Unsicherheiten steuern kann.

Lernen Sie aus Widrigkeiten:

Sehen Sie die Herausforderungen und Rückschläge als Wachstumschancen an. Denken Sie darüber nach, was Sie aus schwierigen Erfahrungen gelernt haben und wie sie zu Ihrer Widerstandsfähigkeit beigetragen haben.

Einen positiven sozialen Kreis beibehalten:

Umgeben Sie sich mit positiven Einflüssen. Zeit mit unterstützenden Menschen zu verbringen, kann sich positiv auf Ihre allgemeine Widerstandsfähigkeit auswirken.

Feiern Sie kleine Siege:

Erkennen und feiern Sie Ihre Erfolge, egal wie klein. Das Erkennen von Fortschritt erhöht das Vertrauen und die Belastbarkeit.

Professionelle Unterstützung suchen:

Zögern Sie bei Bedarf nicht, um Unterstützung von einem Therapeuten, Berater oder psychiatrischen Fachmann zu suchen. Sie können Anleitungen und Strategien für die Aufstellung von

Resilienz bieten.

Anpassungsfähig bleiben:

Eine anpassungsfähige Denkweise kultivieren. Nehmen Sie
Veränderungen an und betrachten Sie es als Chance für
persönliches und berufliches Wachstum.

Lernen Sie, Stress umzugehen:

Entwickeln Sie effektive Stressmanagementtechniken wie
Zeitmanagement, Entspannungsübungen und Festlegen von
Grenzen, um die Auswirkungen von Stress auf Ihre Belastbarkeit
zu verringern.

Denken Sie daran, dass Resilienz eine Fähigkeit ist, die im Laufe
der Zeit entwickelt und gestärkt werden kann. Durch die
Einbeziehung dieser Strategien in Ihr Leben können Sie sich
effektiver anpassen, um sich angesichts der Herausforderungen zu
verändern und mehr Widerstandsfähigkeit aufzubauen.

Xii. Fallstudien und Erfolgsgeschichten

A. Beispiele von Individuen, die ihr Leben durch den Aufbau von Gewohnheiten verändert haben

Obwohl ich aufgrund von Datenschutzüberlegungen keine spezifischen Beispiele für Einzelpersonen anbieten kann, kann ich allgemeine Archetypen und gemeinsame Szenarien teilen, in denen Menschen ihr Leben durch den Aufbau von Gewohnheiten verändert haben. Diese Beispiele unterstreichen die Kraft der absichtlichen Gewohnheiten bei der Erreichung persönlicher Wachstum und Erfolg:

Gewichtsverlust und Fitness: Johns Gewichtsverlust Reise:

John, der aufgrund von Fettleibigkeit gesundheitliche Probleme hat, veränderte sein Leben, indem er gesunde Gewohnheiten einnahm. Er umfasste regelmäßige Bewegung, entwickelte eine ausgewogene Ernährung und kultivierte achtsame Esspraktiken. Im Laufe der Zeit erlangte er einen erheblichen Gewichtsverlust, verbesserte seine allgemeine Gesundheit und erlangte einen positiveren Lebensausblick.

Produktivität und Zeitmanagement: Emilys Produktivitätstransformation:

Emily kämpfte mit Aufschub und Desorganisation und beeinflusste ihre Arbeit und ihr persönliches Leben. Sie implementierte Gewohnheiten wie zeitliche Blockierung, Erstellung von Aufgabenlisten und Minimierung von Ablenkungen. Infolgedessen wurde sie organisierter, produktiver und erreichte ihre beruflichen und persönlichen Ziele mit größerer Effizienz.

Finanzieller Erfolg: Sarahs finanzieller Wende:

Sarah, die von Schulden und finanziellem Stress belastet wurde, veränderte ihre finanzielle Situation durch den Aufbau von Gewohnheiten. Sie entwickelte Gewohnheiten wie Budgetierung, Sparen und Investitionen mit Bedacht. Im Laufe der Zeit zahlte sie ihre Schulden aus, baute einen Sparpuffer auf und erreichte finanzielle Stabilität.

Karriereaufstieg: Mikes Karrierewachstumsreise:

Mike zielte auf eine berufliche Weiterentwicklung ab, fühlte sich aber festgefahren. Er baute Gewohnheiten wie kontinuierliches Lernen, Vernetzung und klare professionelle Ziele auf. Diese Gewohnheiten halfen ihm, neue Fähigkeiten zu erwerben, wertvolle Verbindungen herzustellen und schließlich Beförderungen und berufliche Fortschritte zu sichern.

Persönliche Entwicklung: Lisas Vertrauensschub:

Lisa kämpfte mit Selbstzweifeln und einem Mangel an Selbstvertrauen. Durch den Aufbau von Gewohnheiten, einschließlich positiver Bestätigungen, Setzen und Erreichen kleiner Ziele und die Suche nach beruflichen Entwicklung, verwandelte sie ihre Denkweise. Lisa erlangte Vertrauen, überwand die Herausforderungen und verfolgte neue Möglichkeiten in ihrem persönlichen und beruflichen Leben.

Psychische Gesundheit und Wohlbefinden: Toms Stressmanagement-Transformation:

Tom stand mit chronischem Stress und Angst, die sich auf seine geistige Gesundheit auswirkten. Durch Gewohnheitsbuilding-Praktiken wie Achtsamkeitsmeditation, regelmäßige Bewegung und Festlegung von Grenzen verbesserte er sein allgemeines

Wohlbefinden. Tom lernte, den Stress effektiv zu bewältigen und die Belastbarkeit angesichts der Herausforderungen des Lebens zu entwickeln.

Beziehungen und Kommunikation: Annas Beziehungsaufbaugewohnheiten:

Anna hatte aufgrund schlechter Kommunikationsgewohnheiten mit der Aufrechterhaltung gesunder Beziehungen zu kämpfen. Sie arbeitete am aktiven Zuhören, drückte Emotionen offen aus und praktizierte Empathie. Infolgedessen verbesserten sich ihre Beziehungen und sie baute stärkere Verbindungen zu Freunden und Familie auf.

Kreativität und persönliche Leidenschaft: Alex 'kreativer Transformation:

Alex, der sich in seiner Routine unerfüllt fühlte, wollte seine Leidenschaft für das Schreiben verfolgen. Indem er Gewohnheiten wie tägliche Schreibsitzungen, ausführlich gelesen und sich mit einer Schreibgemeinschaft verband, verwandelte er seine kreativen Bemühungen. Alex veröffentlichte ein Buch und fand durch seine Leidenschaft ein Gefühl der Erfüllung.

Akademischer Erfolg: Emmas akademische Exzellenz:

Emma kämpfte mit akademischer Leistung und Motivation. Durch Strategien für Gewohnheitsbuilding wie effektive Studienroutinen, Zielsetzung und Suche nach Unterstützung bei Bedarf drehte sie ihre akademische Leistung um. Emma verbesserte nicht nur ihre Noten, sondern entwickelte auch eine Liebe zum Lernen.

Diese Beispiele veranschaulichen, dass ein absichtliches Gewohnheitsbau, wenn sie mit persönlichen Zielen und Werten ausgerichtet sind, zu transformativen Veränderungen in verschiedenen Aspekten des Lebens führen kann. Egal, ob es sich um körperliche Gesundheit, Karriere, Beziehungen oder persönliche Entwicklung handelt, Einzelpersonen können signifikante Verbesserungen erzielen, indem sie im Laufe der Zeit positive Gewohnheiten pflegen.

B. Lehren aus verschiedenen Erfolgsgeschichten gelernt

Erfolgsgeschichten von Personen, die ihr Leben durch absichtliche Gewohnheitsbildung verändert haben, bieten wertvolle Lektionen, die andere auf ihren Reisen inspirieren und führen können. Hier sind einige gemeinsame Lektionen aus verschiedenen Erfolgsgeschichten:

Konsistenz ist der Schlüssel:

Erfolgreiche Personen betonen die Bedeutung konsequenter Anstrengung. Kleine, tägliche Gewohnheiten, die im Laufe der Zeit wiederholt wurden, haben einen tiefgreifenden Einfluss auf das allgemeine Wohlbefinden und die Leistung.
Fangen Sie klein an, denken Sie an groß:

Viele Erfolgsgeschichten unterstreichen die Kraft, mit kleinen, überschaubaren Gewohnheiten zu beginnen. Im Laufe der Zeit verbinden sich diese kleinen Aktionen und führen zu signifikanten positiven Veränderungen.

Denkweise ist wichtig:

Die Denkweise von Individuen spielt eine entscheidende Rolle für ihren Erfolg. Die Entwicklung einer positiven und wachstumsorientierten Denkweise ermöglicht die Belastbarkeit angesichts von Herausforderungen und Rückschlägen.

Setzen Sie klare Ziele:

Das Einstellen klarer und spezifischer Ziele ist ein gemeinsames Thema. Erfolgsgeschichten umfassen häufig Personen, die eine klare Vorstellung davon hatten, was sie erreichen wollten, und umsetzbare Schritte zu setzen, um diese Ziele zu erreichen.

Anpassungsfähigkeit und Flexibilität:

Das Leben ist unvorhersehbar, und erfolgreiche Personen betonen die Bedeutung der Anpassungsfähigkeit. Flexibel und bereit zu sein, Strategien als Reaktion auf sich ändernde Umstände anzupassen, ist der Schlüssel zum langfristigen Erfolg.

Lernen Sie aus Rückschlägen:

Rückschläge werden nicht als Misserfolge, sondern als Möglichkeiten für Lernen und Wachstum angesehen. Personen, die Herausforderungen bewältigt haben, betonen oft die Bedeutung des Lernens aus Fehlern und die Verwendung von Rückschlägen als Sprungbrett für den Erfolg.

Selbstreflexion ist entscheidend:

Regelmäßige Selbstreflexion ist eine Gewohnheit bei denjenigen, die Erfolg erzielt haben. Dazu gehören die Bewertung der eigenen Fortschritte, die Anerkennung von Verbesserungsbereichen und das Feiern von Erfolgen auf dem Weg.

Erstellen Sie ein Unterstützungssystem:

Das Aufbau eines unterstützenden Netzwerks ist ein konsistentes Thema. Erfolgsgeschichten beinhalten oft Personen, die sich mit positiven Einflüssen umgeben, Anleitung von Mentoren beantragen und ihre Reisen mit unterstützenden Freunden oder

Familienmitgliedern teilten.

Auszahlung zahlt sich aus:

Beharrlichkeit und Ausdauer sind wiederkehrende Eigenschaften bei Erfolgsgeschichten. Das Erreichen bedeutender Veränderungen erfordert häufig kontinuierliche Anstrengungen, auch wenn sie vor Herausforderungen und Momenten des Zweifels stehen.

Gleichgewicht und Wohlbefinden:

Bei Erfolg geht es nicht nur um professionelle Errungenschaften. Viele Erfolgsgeschichten betonen, wie wichtig es ist, ein Gleichgewicht zwischen Arbeit, persönlichem Leben und Wohlbefinden aufrechtzuerhalten. Die Pflege der eigenen körperlichen und psychischen Gesundheit trägt zum anhaltenden Erfolg bei.

Fortlaufendes Lernen:

Das lebenslange Lernen ist ein häufiges Merkmal bei erfolgreichen Personen. Ob es darum geht, neue Fähigkeiten zu erwerben, nach Kenntnissen zu suchen oder neugierig zu bleiben, das Engagement für kontinuierliches Lernen trägt zum persönlichen Wachstum bei.

Rechenschaftspflicht und Support:

Rechenschaftspflicht ist ein entscheidender Faktor für den Erfolg des Gewohnheitsbaus. Ob durch Selbstverantwortlichkeit oder mit Hilfe von Partnern von Rechenschaftspflicht, es ist vorteilhaft, ein System an Ort und Stelle zu haben, um auf dem richtigen Weg zu bleiben.

Feiern Sie kleine Siege:

Das Feiern kleiner Errungenschaften auf dem Weg ist wichtig, um die Motivation aufrechtzuerhalten. Erkennen und Anerkennung von Fortschritten, egal wie inkrementell, fördert eine positive Einstellung.

Authentizität und Leidenschaft:

Erfolgsgeschichten beinhalten oft Einzelpersonen, die für sich selbst authentisch sind und ihre Aktivitäten leidenschaftlich sind. Das Ausrichten von Gewohnheiten auf persönliche Werte und Leidenschaften trägt zu einem Sinn für Zweck und Erfüllung bei.

Zeiteinteilung:

Erfolgreiche Personen sind oft geschickt darin, ihre Zeit effektiv zu verwalten. Priorisierung von Aufgaben, Festlegen von Grenzen und Bedenken, wie die Zeit zum Gesamterfolg beigetragen wird.

Bleib inspiriert:

Die Aufrechterhaltung von Inspiration und Motivation ist für den langfristigen Erfolg von entscheidender Bedeutung. Viele Erfolgsgeschichten betreffen Personen, die regelmäßig inspirieren, ob es sich um Bücher, Mentoren oder ihre eigenen Fortschritte handelt.

Diese Lektionen zeigen, dass der Erfolg eine Reise ist, die von absichtlichen Gewohnheiten, Denkweise, Ausdauer und einem Engagement für kontinuierliche Verbesserungen geprägt ist. Durch das Lernen aus diesen Erkenntnissen können Einzelpersonen ähnliche Grundsätze auf ihr eigenes Leben anwenden und ihre Ziele mit größerer Zweck und Belastbarkeit verfolgen.

Xiii. Abschluss

A. Zusammenfassung der Schlüsselkonzepte

Lassen Sie uns die wichtigsten Konzepte im Zusammenhang mit besseren Gewohnheiten und Erreichen des Erfolgs zusammenfassen:

Gewohnheitsbildung:

Definition: Gewohnheiten sind routinemäßige Verhaltensweisen, die regelmäßig wiederholt werden und häufig automatisch auftreten.
Gewohnheitsschleife: besteht aus einem Hinweis, einer Routine und Belohnung, die die Grundlage der Gewohnheitsbildung bildet.

Bedeutung von Gewohnheiten für den Erfolg: Erfolg:

Gewohnheiten Formverhalten: Die täglichen Gewohnheiten beeinflussen die langfristigen Ergebnisse und den Erfolg.
Konsistenzangelegenheiten: Konsequente positive Gewohnheiten führen zu anhaltendem Erfolg.

Überblick über das Erstellen besserer Gewohnheiten: Ein Leitfaden zum Erfolg:

Hauptthemen: Verständnis der Gewohnheiten, Wissenschaft der Gewohnheitsbildung, Zielsetzung, Gewohnheitsgebäude, Konsistenz, positiven Gewohnheiten, brechen negative Gewohnheiten, Rechenschaftspflicht, Verschiebung von Denkweise, Überwindung von Herausforderungen, Fallstudien, Erfolgsgeschichten.

Gewohnheitsschleife:

Stichwort: Trigger, der eine Gewohnheit initiiert.
Routine: Verhalten oder Aktion, die durch den Hinweis ausgelöst
wird.
Belohnung: Positives Ergebnis oder Verstärkung im
Zusammenhang mit der Routine.

Arten von Gewohnheiten:

Positive Gewohnheiten: Konstruktive Verhaltensweisen, die zum
persönlichen Wachstum beitragen.
Negative Gewohnheiten: destruktives Verhalten, die den
Fortschritt behindern.

Identifizieren bestehender Gewohnheiten:

Selbstbewusstsein: Das Erkennen der aktuellen Gewohnheiten ist
der erste Schritt in Richtung Veränderung.

Wissenschaft der Gewohnheitsbildung:

Neurologische Aspekte: Die Gewohnheiten sind in neuronalen
Wegen verankert und das Verhalten.
Das Belohnungssystem des Gehirns: Belohnungen verstärken die
Gewohnheitsbildung.

Wie Gewohnheiten automatisch werden:

Wiederholung: Konsequente Wiederholung verstärkt die
neuronalen Wege.
Cue-Routine-Ertragszyklus: Schleifen Sie die Gewohnheitsschleife
fest.

Klare Ziele setzen:

Wichtigkeit: Ziele bieten Anweisungen und Motivation.
Intelligente Ziele: Spezifisch, messbar, erreichbar, relevant,
zeitgebunden.

Ausrichtung der Gewohnheiten mit langfristigen Zielen:

Konsistenz mit Zielen: Stellen Sie sicher, dass die Gewohnheiten
zu übergreifenden Zielen beitragen.

Schaffung einer gewohnheitsbildenden Umgebung:

Physischer Raum: Designumgebung zur Unterstützung positiver
Gewohnheiten.
Hindernisse entfernen: Beseitigen Sie Ablenkungen, die die
Gewohnheitsbildung behindern.
Unterstützende Einflüsse: Umgeben Sie sich mit positiven
Einflüssen.

Die Kraft der Konsistenz:

Festlegung einer Routine: Konsistente Routinen verstärken
positive Gewohnheiten.
Tägliche Rituale: Spezifische Aktionen, die täglich für den Erfolg
täglich wiederholt wurden.

Positive Gewohnheiten aufbauen:

Identifizierung von Zielgewohnheiten: Konzentrieren Sie sich auf
bestimmte Erfolgsgewohnheiten.
Graduale Fortschritte: Kleine Siege tragen zur
Gewohnheitsbildung bei.
Tracking -Fortschritt: Messen und Überwachung der
Gewohnheitsentwicklung.

Negative Gewohnheiten brechen:

Schädliche Gewohnheiten erkennen: Negative Verhaltensweisen
identifizieren und anerkennen.
Veränderungsstrategien: Ersetzen negativer Gewohnheiten durch
positive Alternativen.

Nutzung von Rechenschaftspflicht und Support:

Rechenschaftspartner: Suchen Sie sich Support- und Aktienziele
für die gegenseitige Rechenschaftspflicht.
Erstellen eines Unterstützungssystems: Erstellen Sie ein Netzwerk
von Personen, die die Bildung von Gewohnheiten fördern.
Erfolge feiern: Teilen Sie Erfolge aus, um das positive Verhalten zu
verstärken.

Denkweise Verschiebung für den Erfolg von Gewohnheiten:

Kultivieren einer Wachstumsanzeige: Annehmen
Herausforderungen und sehen Sie Misserfolge als Chancen.
Veränderung einschränkender Überzeugungen: Negative
Überzeugungen herausfordern und überwinden.
Visualisierung und Affirmationen: Verwenden Sie positive Bilder
und Affirmationen zur Motivation.

Häufige Herausforderungen überwinden:

Umgang mit Aufschub: Umsetzung von Strategien zur
Überwindung der Aufschub.

Stress und Selbstzweifel verwalten:

Stressmanagement: Identifizieren Sie Stressoren und üben Sie
Bewältigungsstrategien.
Selbstzweifel überwinden: Fordern Sie negative Gedanken heraus

und bauen Sie Vertrauen auf.

Anpassung an Veränderung und Belastbarkeit:

Veränderung annehmen: Entwickeln Sie Anpassungsfähigkeit und Offenheit für neue Möglichkeiten.
Resilienz: Lernen Sie aus Rückschlägen und springen Sie stärker zurück.

Zusammenfassend ist es ein dynamischer und absichtlicher Prozess, bessere Gewohnheiten zu bauen, der den individuellen Erfolg in verschiedenen Lebensbereichen prägt. Die Reise beinhaltet Selbstbewusstsein, Zieleinstellung, Konsistenz, Anpassungsfähigkeit und eine positive Einstellung, wobei die Lektionen aus Beispielen im wirklichen Leben als wertvolle Leitfäden gezogen werden.

B. Ermutigung für die Leser, sich auf ihre Reise zu begeben

Eine mächtige und transformative Entscheidung, die zu positiven Veränderungen in verschiedenen Aspekten Ihres Lebens führen kann, ist eine mächtige und transformative Entscheidung. Wenn Sie diesen aufregenden Schritt in Betracht ziehen, finden Sie hier eine Ermutigung, Sie auf Ihrer Reise zu inspirieren und zu führen:

Sie haben die Macht zu ändern:

Denken Sie daran, dass Sie die Kraft haben, Ihre Gewohnheiten und wiederum Ihre Zukunft zu formen. Jede positive Veränderung beginnt mit einem einzigen Schritt, und dieser Schritt liegt in Ihrer Kontrolle.

Fangen Sie klein an, zielen Sie hoch:

Unterschätzen Sie nicht die Auswirkungen kleiner, konsequenter Maßnahmen. Beginnend mit überschaubaren Gewohnheiten bildet die Grundlage für größere Erfolge. Zielen Sie hoch in Ihren Bestrebungen, beginnen Sie jedoch mit realistischen und erreichbaren Schritten.

Feiern Sie Fortschritte, nicht Perfektion:

Fortschritt ist eine Reise, kein Ziel. Feiern Sie jeden kleinen Sieg auf dem Weg und erkennen, dass Perfektion nicht das Ziel ist. Bestätigen Sie Ihre Bemühungen und die positiven Veränderungen, die Sie vornehmen.

Umfassen Sie den Lernprozess:

Bessere Gewohnheiten zu bauen, ist ein Lernprozess. Sie können Herausforderungen und Rückschläge stoßen, aber jedes Hindernis ist eine Gelegenheit, Ihren Ansatz zu wachsen und zu verfeinern. Umfassen Sie die Reise der Selbstfindung und Verbesserung.

Ihre Reise ist einzigartig:

Ihre Reise des Gewohnheitsbaus ist persönlich und einzigartig für Sie. Vergleichen Sie Ihren Fortschritt nicht mit anderen. Konzentrieren Sie sich auf Ihre Ziele, Werte und die positiven Veränderungen, die Sie in Ihrem eigenen Leben vornehmen.

Konsistenz ist der Schlüssel:

Konsistenz ist eine starke Kraft in der Gewohnheitsbildung. Verpflichten Sie sich täglich auf Ihre gewählten Gewohnheiten, auch wenn der Fortschritt schrittweise erscheint. Im Laufe der Zeit werden diese konsequenten Anstrengungen zu erheblichen

Ergebnissen führen.

Tippen Sie auf Ihre innere Stärke:

Bessere Gewohnheiten erfordert Belastbarkeit und innere Stärke.
Glauben Sie an Ihre Fähigkeit, Herausforderungen zu bewältigen,
aus Rückschlägen zu lernen und angesichts von Widrigkeiten
durchzuhalten. Ihre Stärke ist ein wertvolles Gut auf dieser Reise.

Visualisieren Sie Ihren Erfolg:

Stellen Sie sich die positiven Ergebnisse Ihrer Bemühungen zur
Gewohnheit vor. Visualisieren Sie die Person, die Sie werden
möchten und das Leben, das Sie führen möchten. Diese mentalen
Bilder können als Motivation und als Erinnerung an Ihre Ziele
dienen.

Suchen Sie Unterstützung und teilen Sie Ihre Reise:

Teilen Sie Ihre Gewohnheitsbauerziele mit unterstützenden
Freunden, Familienmitgliedern oder Mentoren. Ein Netzwerk von
Ermutigung kann Motivation, Anleitung und Rechenschaftspflicht
bieten. Du bist nicht allein auf dieser Reise.

Reflektieren und einstellen:

Denken Sie regelmäßig über Ihren Fortschritt nach und passen Sie
Ihre Gewohnheiten nach Bedarf an. Seien Sie offen für das Lernen
aus Ihren Erfahrungen und haben Sie keine Angst, Ihren Ansatz zu
verfeinern. Flexibilität und Anpassungsfähigkeit sind der Schlüssel
zum langfristigen Erfolg.

Genießen Sie den Prozess:

Bessere Gewohnheiten zu bauen, geht es nicht nur darum, das
Ziel zu erreichen. Es geht darum, den Prozess der
Selbstverbesserung zu genießen. Nehmen Sie die positiven
Veränderungen in Ihrem Leben an und finden Sie Freude auf der
Reise.

Sie verdienen eine bessere Zukunft:

Denken Sie daran, dass Sie eine Zukunft verdienen, die voller
Erfüllung, Erfolg und Wohlbefinden ist. Indem Sie in positive
Gewohnheiten investieren, prägen Sie aktiv eine hellere und
stärkere Version von sich selbst.

Beachten Sie, dass alle Anstrengungen, egal wie klein, zu Ihrem
Wachstum und Erfolg beiträgt. Glauben Sie an sich selbst, bleiben
Sie Ihren Zielen verpflichtet und nehmen Sie die transformative
Kraft der absichtlichen Gewohnheiten an. Ihre Reise ist eine
kontinuierliche Gelegenheit für Selbstfindung, positive
Veränderungen und ein gut gelebtes Leben. Viel Glück auf Ihrem
aufregenden Weg voraus!

Zusammenfassend ist der Weg zum Erfolg und zur persönlichen
Transformation oft durch absichtliche Gewohnheitsbildung,
Belastbarkeit und eine wachstumsorientierte Denkweise
gekennzeichnet. Die Lehren aus verschiedenen Erfolgsgeschichten
betonen die Bedeutung der Konsistenz, die Anpassungsfähigkeit
angesichts der Unsicherheiten des Lebens. Klare Zieleinstellung,
Anpassungsfähigkeit und die Fähigkeit, aus Rückschlägen zu
lernen, sind entscheidende Komponenten des erfolgreichen
Gewohnheitsbaus.

Erfolgsgeschichten unterstreichen auch die Bedeutung des
Denkweises und betonen die Kraft der Positivität, Selbstreflexion

und ein kontinuierliches Engagement für das Lernen. Aufbau eines starken Unterstützungssystems, zur Rechenschaftspflicht und zum Feiern kleiner Siege trägt zur Nachhaltigkeit positiver Gewohnheiten bei. Das Gleichgewicht zwischen persönlichem und beruflicher Leben sowie der Fokus auf das Wohlbefinden betont, dass der Erfolg nicht ausschließlich durch externe Leistungen, sondern auch durch einen ganzheitlichen Lebensansatz definiert wird.

Der wichtigste Erfolg ist, dass Erfolg eine dynamische und individuelle Reise ist und es keine einheitliche Formel gibt. Es entstehen jedoch gemeinsame Themen, die die transformative Kraft der absichtlichen Gewohnheiten und eine widerstandsfähige Denkweise veranschaulichen. Durch die Einbeziehung dieser Lektionen in unser eigenes Leben können wir Herausforderungen steuern, Rückschläge überwinden und persönlichen und beruflichen Erfolg erzielen. Letztendlich ist der Prozess des Gewohnheitsbaus ein lebenslanges Unterfangen, und die Reise selbst ist genauso wichtig wie das Ziel.

C. Endgültige Gedanken zum lebenslangen Prozess des Aufbaus besserer Gewohnheiten für nachhaltiger Erfolg

Der lebenslange Prozess des Aufbaus besserer Gewohnheiten für anhaltenden Erfolg ist eine Reise, die durch Selbstfindung, Belastbarkeit und kontinuierliches Wachstum geprägt ist. Betrachten Sie bei diesem transformativen Weg die folgenden endgültigen Gedanken:

Transformation ist kontinuierlich:

Bessere Gewohnheiten zu bauen, ist kein Ziel. Es ist ein kontinuierlicher und sich entwickelnder Prozess. Nehmen Sie die Idee an, dass persönliches Wachstum eine lebenslange Reise ist, und jede Phase bietet neue Möglichkeiten für positive

Veränderungen.

Lernen Sie aus jeder Erfahrung:

Jede Erfahrung, ob ein Erfolg oder ein Rückschlag, bietet wertvolle Lektionen. Verwenden Sie Herausforderungen als Sprungbrett für Wachstum und feiern Sie Erfolge als Meilensteine auf Ihrer Reise. Das Lernen aus jeder Erfahrung verbessert Ihre Weisheit und Belastbarkeit.

Anpassungsfähigkeit ist eine Supermacht:

Kultivieren Sie die Supermacht der Anpassungsfähigkeit. Das Leben ist dynamisch und die Umstände ändern sich. Anpassungsfähig zu sein, ermöglicht es Ihnen, Ihre Gewohnheiten, Ziele und Strategien anzupassen, um sich an der sich entwickelnden Natur Ihres Lebens anzupassen.

Feiern Sie die kleinen Siege:

Nachhaltiger Erfolg ergibt sich häufig aus der Ansammlung kleiner Siege. Feiern Sie die Fortschritte, die Sie auf dem Weg machen, egal wie inkrementell. Die Anerkennung Ihrer Leistungen fördert die Motivation und verstärkt das positive Verhalten.

Konzentrieren Sie sich auf das Wohlbefinden:

Erfolg ist ganzheitlich und umfasst körperliches, geistiges und emotionales Wohlbefinden. Priorisieren Sie die Selbstversorgung, pflegen Sie eine gesunde Work-Life-Balance und nähren Sie alle Aspekte Ihres Lebens, um einen anhaltenden Erfolg und die Erfüllung zu gewährleisten.

Geniesse die Reise:

Finden Sie Freude im Prozess, bessere Gewohnheiten aufzubauen. Die Reise selbst ist reich an Erfahrungen, Chancen und Momenten der Selbstfindung. Schätzen Sie die Gegenwart, während Sie auf Ihre zukünftigen Ziele hinarbeiten.

Suchen Sie kontinuierliche Verbesserungen:

Das Streben nach kontinuierlicher Verbesserung ist das Herzstück, bessere Gewohnheiten aufzubauen. Bewerten Sie regelmäßig Ihre Gewohnheiten, setzen Sie neue Ziele und suchen Sie nach Wegen, um Ihr persönliches und berufliches Leben zu verbessern. Das Engagement für das Wachstum sorgt für einen anhaltenden Erfolg.

Definieren Sie den Erfolg zu Ihren Bedingungen neu:

Erfolg ist ein zutiefst persönliches Konzept. Nehmen Sie sich Zeit, um zu definieren, was Erfolg für Sie bedeutet. Lassen Sie Ihre Werte, Leidenschaften und Bestrebungen Ihre Reise leiten und haben Sie keine Angst, den Erfolg neu zu definieren, während Sie sich weiterentwickeln.

Umgeben Sie sich mit Positivität:

Pflege eine positive Umgebung und umgibt sich mit unterstützenden Einflüssen. Teilen Sie Ihre Reise mit denen, die Sie heben und Sie ermutigen. Ein positives Unterstützungssystem trägt erheblich zu Ihrem anhaltenden Erfolg bei.

Regelmäßig reflektieren:

Regelmäßige Selbstreflexion ist eine starke Gewohnheit für sich. Nehmen Sie sich Zeit, um über Ihre Ziele, Gewohnheiten und allgemeines Wohlbefinden nachzudenken. Bewerten Sie, was funktioniert, was Anpassung erfordert, und feiern Sie Ihre persönliche und berufliche Entwicklung.

Sei nett zu dir selbst:

Bessere Gewohnheiten beinhalten Fortschritte, nicht die Perfektion. Sei freundlich und mitfühlend für dich auf dieser Reise. Verstehen Sie, dass Rückschläge natürlich sind und Möglichkeiten für Wachstum und Belastbarkeit bieten.

Veränderung mit Offenheit annehmen:

Die einzige Konstante im Leben ist Veränderung. Verändere Veränderungen mit Offenheit und einer Wachstumsdichtung. Ihre Fähigkeit, sich an neue Umstände anzupassen und positive Gewohnheiten als Reaktion auf Veränderungen zu fördern, ist ein Schlüsselfaktor für den anhaltenden Erfolg.

Denken Sie daran, dass es keine einmalige Anstrengung ist, bessere Gewohnheiten zu bauen, sondern ein lebenslanges Engagement, die beste Version von sich selbst zu werden. Mit jeder absichtlichen Entscheidung erstellen Sie eine Zukunft voller Erfolg, Wohlbefinden und Erfüllung. Nehmen Sie die Reise an, bleiben Sie Ihren Zielen verpflichtet und genießen Sie die positiven Auswirkungen, die Ihre Gewohnheiten auf Ihr Leben und das Leben Ihrer Umgebung haben. Das lebenslange Streben nach besseren Gewohnheiten ist ein starkes und lohnendes Unterfangen.

Motivation ist das, was Sie dazu bringt. Gewohnheit ist das, was Sie am Laufen hält - Jim Rohn